Mariologia e teologia do Espírito Santo:

uma introdução

SÉRIE PRINCÍPIOS DE TEOLOGIA CATÓLICA

inter
saberes

Mariologia e teologia do Espírito Santo:
uma introdução

Diogo Marangon Pessotto

Rua Clara Vendramin, 58 . Mossunguê
CEP 81200-170 . Curitiba . PR . Brasil
Fone: (41) 2106-4170
www.intersaberes.com
editora@intersaberes.com

Conselho editorial
Dr. Alexandre Coutinho Pagliarini
Drª Elena Godoy
Dr. Nelson Luís Dias
Dr. Neri dos Santos
Dr. Ulf Gregor Baranow

Editora-chefe
Lindsay Azambuja

Gerente editorial
Ariadne Nunes Wenger

Assistente editorial
Daniela Viroli Pereira Pinto

Preparação de originais
Belaprosa Comunicação Corporativa e Educação

Edição de texto
Irineo Neto
Arte e Texto Edição e Revisão de Textos
Camila Rosa

Capa e projeto gráfico
Iná Trigo (*design*)
Tatiana Kasyanova/Shutterstock
(imagem)

Diagramação
Regiane Rosa

Equipe de *design*
Iná Trigo
Charles L. da Silva

Iconografia
Celia Kikue Suzuki
Regina Claudia Cruz Prestes

1ª edição, 2018.

Foi feito o depósito legal.

Informamos que é de inteira responsabilidade do autor a emissão de conceitos.

Nenhuma parte desta publicação poderá ser reproduzida por qualquer meio ou forma sem a prévia autorização da Editora InterSaberes.

A violação dos direitos autorais é crime estabelecido na Lei n. 9.610/1998 e punido pelo art. 184 do Código Penal.

Dados Internacionais de Catalogação na Publicação (CIP)
(Câmara Brasileira do Livro, SP, Brasil)

Pessotto, Diogo Marangon
  Mariologia e teologia do Espírito Santo: uma introdução/Diogo Marangon Pessotto. Curitiba: InterSaberes, 2018.
  (Série Princípios de Teologia Católica)

  Bibliografia.
  ISBN 978-85-5972-786-9

  1. Espírito Santo 2. Maria, Virgem, Santa – Culto 3. Maria, Virgem Santa – Ensino bíblico – Teologia 4. Maria, Virgem, Santa – Teologia 5. Teologia I. Título. II. Série.

18-17820   CDD-232.91

Índices para catálogo sistemático:
1. Mariologia: Teologia cristã   232.91

Cibele Maria Dias – Bibliotecária – CRB-8/9427

Sumário

Apresentação, 15
Organização didático-pedagógica, 17
Introdução, 21

Parte I Mariologia: os dogmas marianos e algumas notas sistemáticas, 25

1 A maternidade de Maria e a Imaculada Conceição, 27
1.1 Base bíblica da maternidade de Maria, 30
1.2 Bases magisterial e experiencial da maternidade de Maria, 34
1.3 Sentido teológico do dogma da maternidade de Maria: *Theotókos*, 36
1.4 Base bíblica da Imaculada Conceição, 38
1.5 Bases magisterial e experiencial da Imaculada Conceição, 41
1.6 Sentido teológico do dogma da Imaculada Conceição, 43

2		**A virgindade perpétua e a assunção de Maria, 55**
2.1		Base bíblica da virgindade de Maria, 58
2.2		Bases magisterial e experiencial da virgindade de Maria, 59
2.3		Sentido teológico do dogma da virgindade de Maria, 60
2.4		Base bíblica da assunção de Maria, 64
2.5		Bases magisterial e experiencial da assunção de Maria, 65
2.6		Sentido teológico do dogma da assunção de Maria, 67

3   Uma reflexão mariológica sistemática e vivencial, 75

3.1   Maria e o Mistério de Cristo, 78
3.2   Maria e o Mistério do Espírito Santo, 84
3.3   Maria e o Mistério da Igreja, 88
3.4   A mediação de Maria, 91
3.5   O culto à Maria, 95

Parte II Teologia do Espírito Santo: elementos bíblicos e algumas notas sistemáticas, 115

4   Fundamentos bíblicos da teologia do Espírito Santo, 117

4.1   O Espírito Santo no Antigo Testamento, 120
4.2   Jesus e o Espírito Santo, 123
4.3   A tradição lucana, 124
4.4   A tradição joanina, 129
4.5   A tradição paulina, 132

5   Notas histórico-dogmáticas da pneumatologia, 149

5.1   A tradição patrística, 152
5.2   O Símbolo dos Apóstolos, 154
5.3   Símbolo Niceno-Constantinopolitano, 157
5.4   A pneumatologia do Concílio Vaticano II, 158
5.5   O Espírito Santo, dom e amor do Pai e do Filho, 164

6   O Espírito Santo e a Igreja, 181
6.1   O Espírito Santo e a instituição da Igreja, 184
6.2   O Espírito Santo, *alma* da Igreja, 187
6.3   O Espírito Santo e as Notas da Igreja, 188
6.4   O Espírito da evangelização, 195
6.5   A vida segundo o Espírito, 209

Considerações finais, 223
Lista de abreviaturas e siglas, 227
Referências, 229
Bibliografia comentada, 237
Respostas, 241
Sobre o autor, 245

Aos que se dedicam ao estudo da teologia
como ato de fé e de serviço à Igreja.

Agradeço ao Deus-Trindade, princípio e fim de nossas vidas, cujo amor e misericórdia nos alcançam e nos sustentam na vida e na missão.

À Arquidiocese de Curitiba, na pessoa de Dom José Antônio Peruzzo, Arcebispo Metropolitano, e ao Centro Universitário Internacional Uninter, na pessoa do Prof. Dr. Pe. Gilberto Bordini, coordenador do curso superior de Teologia Católica.

Invoco uma vez mais o Espírito Santo; peço-Lhe que venha renovar, sacudir, impelir a Igreja numa decidida saída para fora de si mesma a fim de evangelizar todos os povos.

Papa Francisco

A Mãe de Jesus, assim como, glorificada já em corpo e alma, é imagem e início da Igreja que se há de consumar no século futuro, assim também, na terra, brilha como sinal de esperança segura e de consolação, para o Povo de Deus ainda peregrinante, até que chegue o dia do Senhor [...]

Concílio Vaticano II

Apresentação

Esta obra oferece uma introdução à mariologia e à pneumatologia. Os conteúdos abordados aqui não são tratados de maneira exaustiva, como se procurassem esgotar a reflexão teológica sobre esses temas. Por dois motivos. O primeiro se refere propriamente à natureza da mariologia e da pneumatologia como abordagens teológicas sistemáticas. Há sempre novas possibilidades para o estudo e a pesquisa, levando-se em conta o patrimônio teológico já consolidado e os novos contextos teológicos, eclesiais, pastorais e existenciais que reclamam um contínuo aprofundamento e desenvolvimento da teologia como reflexão sistemática a partir do dado da fé. Mesmo os manuais de teologia – que propõem uma análise sistemática detalhada – acabam por delimitar seu objeto de estudo em face da impossibilidade real de uma apresentação que abarque todos os aspectos pertinentes à mariologia e à pneumatologia. O segundo motivo diz respeito à intenção específica desta obra no contexto da ciência teológica: ela procura oferecer as ferramentas básicas para que você comece a construir seu conhecimento na área, viabilizando um posterior aprofundamento.

Ademais, toda reflexão teológica de caráter sistemático implica um horizonte de sentido a ser constituído por aquele que a realiza. Não se trata, então, de mera operação intelectual, mas de um ato inteligente de fé, que mobiliza o sujeito a confrontar tal reflexão com a própria existência e, mais ainda, com a sua vivência cristã e a sua missão. Por essa razão, vinculada às que apresentamos nos parágrafos anteriores, este livro justifica-se por um duplo critério: 1) teológico (sistemático), pela reflexão sistemática introdutória que propõe tendo em vista a natureza da disciplina em questão e a necessidade de uma consideração panorâmica da mariologia e da pneumatologia como base para o seu aprofundamento; e 2) pastoral (vivencial e de sentido), pela necessária vinculação entre o crente e o estudo da teologia na medida em que esta impacta a vida e a missão do cristão.

Portanto, *Mariologia e teologia do espírito santo: uma introdução* visa à explicitação dos principais elementos mariológicos e pneumatológicos presentes na Sagrada Escritura, na Tradição, no Magistério e na vida da Igreja no intuito de motivá-lo(a) e introduzi-lo(a) no exercício teológico sistemático sobre a participação de Maria no plano da salvação e sobre o Mistério da Pessoa e da ação do Espírito Santo vinculando-os à sua própria vida e à sua missão na Igreja e no mundo.

Organização didático-pedagógica

Esta seção tem a finalidade de apresentar os recursos de aprendizagem utilizados no decorrer da obra, de modo a evidenciar os aspectos didático-pedagógicos que nortearam o planejamento do material e como você pode tirar o melhor proveito dos conteúdos para seu aprendizado.

Introdução do capítulo

Logo na abertura do capítulo, você é informado a respeito dos conteúdos que nele serão abordados, bem como dos objetivos que o autor pretende alcançar.

Síntese

Você conta, nesta seção, com um recurso que o instigará a fazer uma reflexão sobre os conteúdos estudados, de modo a contribuir para que as conclusões a que chegou sejam reafirmadas ou redefinidas.

Indicações culturais

Nesta seção, o autor oferece algumas indicações de livros, filmes ou *sites* que podem ajudar você a refletir sobre os conteúdos estudados e permitir o aprofundamento em seu processo de aprendizagem.

Atividades de autoavaliação

Com estas questões objetivas, você tem a oportunidade de verificar o grau de assimilação dos conceitos examinados, motivando-se a progredir em seus estudos e a se preparar para outras atividades avaliativas.

Atividades de autoavaliação

1. No episódio da anunciação, Maria questiona o Anjo sobre o modo pelo qual o Filho de Deus será nela concebido. Qual a expressão utilizada por Maria para afirmar que não havia tido relações sexuais e de intimidade amorosa com outrem?
   a) Conheço (conhecer).
   b) Reconheço (reconhecer).
   c) Relaciono-me (relacionar).
   d) Tenho (ter).

2. A definição dogmática "O Filho [...] desceu do céu e encarnou-se da santa, altamente celebrada, Mãe de Deus e sempre Virgem Maria" foi proclamada pelo:
   a) Sínodo de Latrão, de 649.
   b) Concílio de Éfeso, de 431.
   c) Concílio de Constantinopla II, de 553.
   d) Concílio Vaticano II, realizado entre 1962 e 1965.

3. Qual o principal título referido à Maria a partir do século II?
   a) Mãe da Igreja.
   b) Mãe de Deus.
   c) A Imaculada.
   d) A Virgem.

4. Assinale a alternativa que apresenta corretamente onde está a base bíblica da assunção de Maria:
   a) Livro do Apocalipse.
   b) Conjunto dos elementos bíblicos que apontam para a glorificação de Maria.
   c) Evangelho de Lucas.
   d) Livro dos Atos dos Apóstolos.

Atividades de aprendizagem

Aqui você dispõe de questões cujo objetivo é levá-lo a analisar criticamente determinado assunto e aproximar conhecimentos teóricos e práticos.

Atividades de aprendizagem

Questão para reflexão

5. Propomos a leitura de um trecho da Constituição Apostólica *Munificentissimus Deus*, do Papa Pio XII, na qual declara o dogma da assunção de Maria. Grifamos algumas palavras/frases no intuito de que possamos pensar mais sobre elas, traduzindo-as para a nossa vida diária e para a nossa missão como cristãos. Sugerimos a escrita das intuições e percepções como propósitos para nossa caminhada cristã.

> 6. João Damasceno, que entre todos se distingue como pregoeiro desta tradição, ao comparar a assunção gloriosa da Mãe de Deus com as suas outras prerrogativas e privilégios, exclama com veemente eloquência: "Convinha que aquela que no parto mantevesse ilibada virgindade conservasse o corpo incorrupto mesmo depois da morte. Convinha que aquela que trouxe no seio o Criador encarnado, habitasse entre os divinos tabernáculos. Convinha que morasse no tálamo celestial aquela que o Eterno Pai desposara. Convinha que aquela que viu o seu Filho na cruz, com o coração traspassado por uma espada de dor de que tinha sido imune no parto, contemplasse assentada à direita do Pai. Convinha que a Mãe de Deus possuísse o que era do Filho, e que fosse venerada por todas as criaturas como Mãe e Serva do mesmo Deus".
>
> [...] são Germano de Constantinopla julgava que a incorrupção do corpo da virgem Maria Mãe de Deus, e a sua assunção ao céu são corolários não só da sua maternidade divina, mas até da santidade singular daquele corpo virginal [...].

Bibliografia comentada

Nesta seção, você encontra comentários acerca de algumas obras de referência para o estudo dos temas examinados.

Mariologia

BOFF, C. *Dogmas marianos*: síntese catequético-pastoral. São Paulo: Ave-Maria, 2010.

Obra de caráter introdutório ao estudo dos dogmas marianos. O autor apresenta de modo conciso e didático os mencionados dogmas a partir de três pontos: 1) Bíblia, 2) Magistério, e 3) Santos dos Pais. Para os de obra significativo para quem deseja introduzir-se na principais aspectos dogmáticos mariológicos para posterior aprofundamento.

JOÃO PAULO II, Papa. *Carta Encíclica Redemptoris Mater*: sobre a Bem-Aventurada Virgem Maria na vida da Igreja que está a caminho. Roma, 25 mar. 1987. Disponível em: <http://w2.vatican.va/content/john-paul-ii/pt/encyclicals/documents/hf_jp-ii_enc_25031987_redemptoris-mater.html>. Acesso em: 29 jun. 2018.

Documento magisterial que explicita a participação de Maria no plano de salvação baseada em três pontos centrais: 1) Maria no Mistério de Cristo; 2) Maria e a

Introdução

Os estudos mariológicos e pneumatológicos são capitais para a teologia sistemática. O primeiro se refere à participação de Maria, Mãe de Deus, na história da salvação, cujo centro é o Mistério de Cristo, Sua Encarnação e Mistério Pascal. O segundo trata da Pessoa e da ação do Espírito Santo no mundo e na Igreja, porque Ele é igualmente Deus e Senhor, a Terceira Pessoa da Santíssima Trindade.

No que tange à mariologia, os estudos teológicos sobre a pessoa de Maria revelam-se singularmente fecundos na medida em que, ao longo dos séculos, captaram os sentidos e significados mariológicos presentes na Sagrada Escritura, na Tradição, no Magistério e no senso dos fiéis. É evidente que essa é a tarefa da teologia, mas é significativo o fato de que, em grande parte, os dogmas marianos – e sua progressiva compreensão – tenham sido intuídos pelo povo de Deus, sob a ação do Espírito Santo, e só depois a teologia, e mesmo o Magistério, tenham considerado tais realidades, até mesmo retornando à Sagrada Escritura para ali visualizar novos sentidos que apontavam para a mãe de Deus.

Nesse sentido, podemos afirmar que o campo da mariologia e o culto que o povo de Deus devota à Maria apresentam-nos uma riqueza inestimável para o movimento de autoconsciência e missão eclesial preconizados pelo Concílio Vaticano II. Não é por acaso que a Constituição Dogmática *Lumen Gentium* (LG) sobre a Igreja intitula seu Capítulo VIII "A Bem-Aventurada Virgem Maria Mãe de Deus no Mistério de Cristo e da Igreja" (LG, n. 52-69).

Quanto à pneumatologia, desde o início do século XX, ocorre o resgate da reflexão acerca da Pessoa do Espírito Santo, e isso não só na teologia como também, e principalmente, na vida e missão da Igreja e dos cristãos. Marca desse processo de resgate é a compreensão de que o Espírito Santo é coinstituinte da Igreja, é Aquele que a vivifica e a renova continuamente, é o protagonista de sua missão. As consequências teológicas e pastorais dessa compreensão são decisivas, especialmente porque motivaram a um retorno às fontes pneumatológicas bíblicas e patrísticas e porque possibilitaram uma nova consciência da missão evangelizadora da Igreja à luz da Igreja dos Atos dos Apóstolos com base em Pentecostes (At 2). Tal compreensão é uma tomada de consciência de uma verdade de sempre, porque desde os primórdios da Igreja o Espírito a vivificou, a renovou e a impeliu para a missão. Por isso, torna-se salutar e imprescindível o progressivo desenvolvimento da pneumatologia em nossos dias como consolidação dessa consciência e redescoberta da experiência pessoal, comunitária e eclesial do Espírito Santo.

Com base nessas observações preliminares e de contexto, apresentamos a seguir a estrutura temática da presente obra, recordando uma vez mais que os assuntos abordados propõem uma análise introdutória da mariologia e da pneumatologia como estudos teológicos sistemáticos.

A **Primeira Parte – Mariologia: os dogmas marianos e algumas notas sistemáticas** – está subdividida em três capítulos:

1. A maternidade de Maria e a Imaculada Conceição
2. A virgindade perpétua e a assunção de Maria
3. Uma reflexão mariológica sistemática e vivencial

Os dois primeiros capítulos, que trazem os quatro dogmas marianos, trazem uma mesma sequência de apresentação dos assuntos: das bases bíblicas dos dogmas, passando por suas bases magisterial e experiencial, até à explicitação de seus sentidos teológicos. O terceiro capítulo propõe algumas breves reflexões sobre a participação de Maria no plano da salvação com base em sua relação com os Mistérios de Cristo, do Espírito Santo e da Igreja.

A **Segunda Parte – Teologia do Espírito Santo: elementos bíblicos e algumas notas sistemáticas** – está igualmente subdividida em três capítulos:

1. Fundamentos bíblicos da teologia do Espírito Santo
2. Notas histórico-dogmáticas da pneumatologia
3. O Espírito Santo e a Igreja

O primeiro capítulo explicita os principais elementos pneumatológicos presentes no Antigo e no Novo Testamentos, este último compreendendo a relação entre Jesus e o Espírito Santo e as tradições lucana, joanina e paulina. O segundo apresenta alguns dos aspectos históricos do desenvolvimento da pneumatologia atrelados à sua relevância dogmático-teológica, privilegiando os símbolos da fé e a pneumatologia do Concílio Vaticano II. Por fim, o terceiro destaca a relação entre o Espírito Santo e a Igreja de maneira sumária mediante as noções de instituição (nascimento), notas (Igreja una, santa, católica e apostólica) e evangelização.

Ao fim de cada um dos capítulos, propomos uma síntese temática, indicações teológico-culturais (textos e/ou mídias), atividades de autoavaliação, cujo gabarito encontra-se ao final do livro, e atividades de aprendizagem, de cunho vivencial, cuja intenção é a de motivar para uma reflexão/ação pessoal e comunitária com base nos conteúdos abordados, o que certamente enriquecerá nosso estudo e nos levará à percepção da teologia como ato de fé e de serviço à Igreja.

Parte I

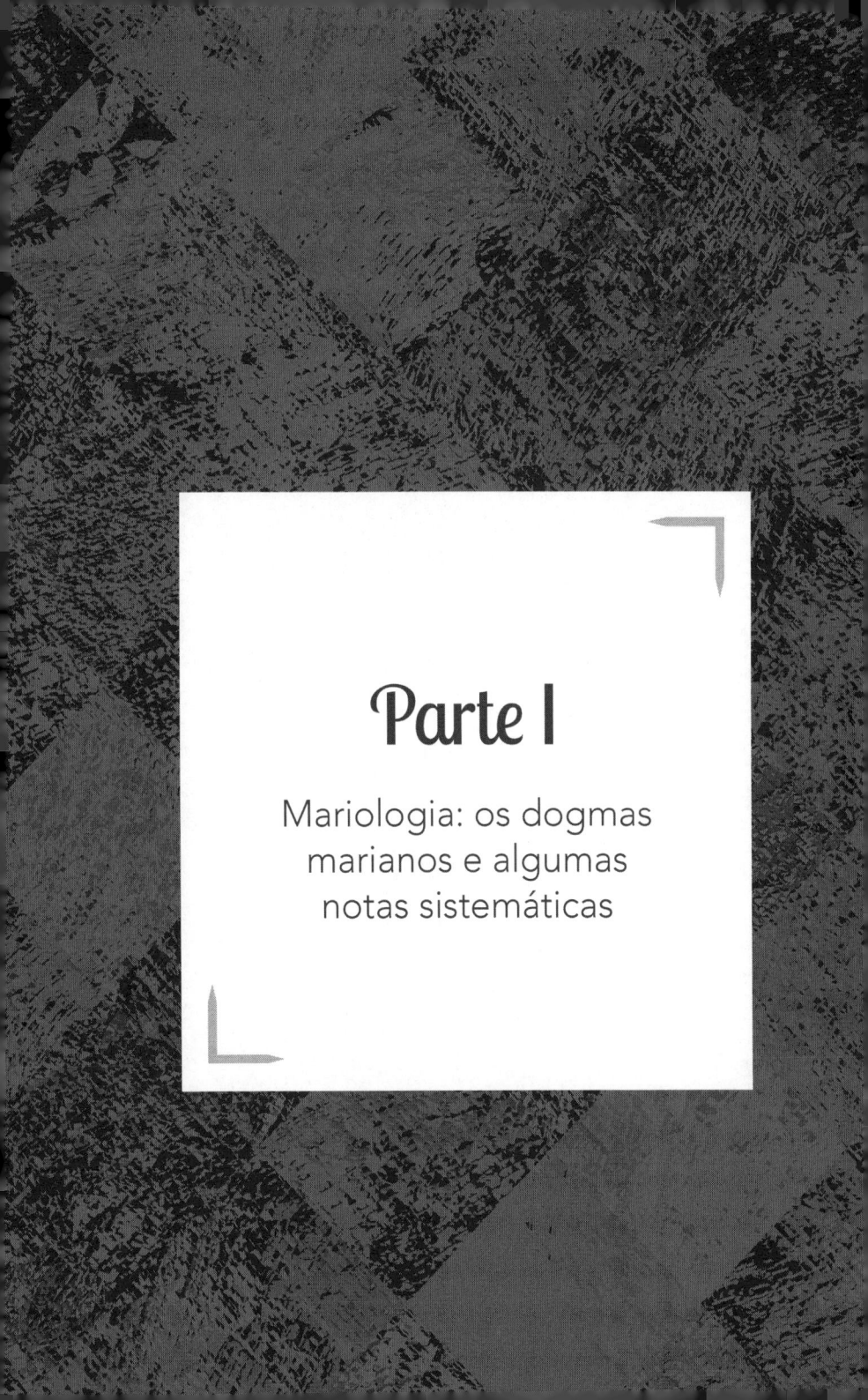

Mariologia: os dogmas marianos e algumas notas sistemáticas

1
A maternidade de Maria e a Imaculada Conceição[1]

---

[1] Todas as passagens bíblicas indicadas neste capítulo são citações de Bíblia (2002).

N este primeiro capítulo, analisamos os seguintes dogmas[2] marianos: a maternidade divina de Maria e a sua Imaculada Conceição. Trata-se de verdades de fé cuja importância é decisiva não apenas para os estudos mariológicos – sob o ponto de vista da consideração de Maria no plano salvífico de Deus – como também para o culto à Mãe de Deus e sua vinculação à vida e à missão da Igreja e, por conseguinte, de todos os cristãos. Em termos de definição dogmática, os referidos dogmas foram declarados em períodos e contextos diversos, como explicitação das verdades de sempre em face de questões teológico-pastorais pertinentes a esses mesmos contextos: o primeiro foi declarado em 431, no Concílio de Éfeso; o segundo, em 1854, pelo Papa Pio IX.

---

2 *Dogma* refere-se a uma doutrina que a Igreja, por meio de uma formulação declarada solenemente como um juízo, propõe definitivamente como uma verdade revelada, o que implica necessariamente a fé do povo cristão em sua totalidade. Sua negação é tida por heresia.

No presente capítulo, apresentamos os principais elementos e aspectos referentes aos dogmas em questão com alguns enfoques específicos: sua base bíblica; suas bases magisterial e experiencial; e seu sentido teológico. Tais aspectos são interdependentes e nos possibilitam conhecer, de maneira panorâmica, os elementos teológicos subjacentes às referidas formulações dogmáticas.

1.1 Base bíblica da maternidade de Maria

Os quatro Evangelhos afirmam explicitamente que Maria é a Mãe de Jesus. Nesses termos, a base bíblica da maternidade divina de Maria se encontra nos mesmos Evangelhos, que nos atestam, por meio dos fatos ali descritos e dos sentidos deles depreendidos, que a relação de mãe e filho estabelecida entre Maria e Jesus é real e decisiva para a compreensão do mistério salvífico de Cristo. Dito de outro modo: as evidências evangélicas da maternidade de Maria não são meros fatos bíblicos acidentais, mas elementos essencialmente referidos à salvação operada por Cristo – enviado do Pai e encarnado no seio de Maria – e à instituição da Igreja, depositária e continuadora da missão de Jesus.

Vejamos, pois, os principais elementos que compõem a base bíblica da maternidade divina de Maria, valendo-nos, para isso, dos aspectos apresentados por Clodovis Boff (2004, p. 31-91):

Evangelho de Marcos:

a. O "filho de Maria" (Mc 6,3).

Nesse Evangelho, Maria possui um nome, mas não um perfil definido. Destaca-se sua função, mas não sua personalidade. Na perspectiva do Evangelho de Marcos, é a mãe carnal do Messias, e a ela não se atribui significativa evidência. Da função biológica de Maria o evangelista não depreende a dignidade teológica da Mãe de Jesus. No entanto, ao indicar que Jesus era o filho de Maria, não deixa dúvidas sobre a maternidade em questão, lançando, assim, um elemento primário que, lido no conjunto dos Sinóticos, nos levará à compreensão da grandeza da maternidade divina de Maria.

Evangelho de Mateus:

a. "Maria, sua mãe" (Mt 1,18).
b. "Eis que uma Virgem conceberá e dará à luz um filho, que se chamará Emanuel, que significa: Deus-conosco" (Mt 1,23).

Para o evangelista Mateus, Maria é a Mãe do Messias Salvador. Ainda que não seja posta em relevo a sua personalidade, Maria, na condição de Mãe do Filho de Deus, é apresentada como personagem importante da história da salvação porque é toda de e para Cristo. Trata-se de uma maternidade funcional, à qual subjaz e da qual decorre uma relação privilegiada com Cristo.

Evangelho de Lucas:

a. "Ele será grande e será chamado Filho do Altíssimo" (Lc 1,32).
b. "O santo nascido de ti será chamado Filho de Deus" (Lc 1,35).
c. "Mãe do meu Senhor" (Lc 1,43).

A maternidade de Maria no Evangelho de Lucas é considerada com base em sua aceitação de fé. Ela é a Mãe do Senhor. O texto da Anunciação (Lc 1,26-38) é certamente o que melhor retrata, sob os pontos de vista factual e teológico, a maternidade divina de Maria. O Espírito que interveio para a geração do Messias do mesmo modo a transformou na nova Casa de Deus, na nova *Shekinah*[3]. Acolhendo

---

[3] Expressão hebraica que designa a "habitação" ou a "presença de Deus". A habitação de Deus em meio a seu povo, prefigurada no Antigo Testamento, torna-se plena com a Encarnação do Verbo: "E o Verbo se fez carne e habitou entre nós [...]" (Jo 1,14). Em Cristo, Deus armou a sua tenda e veio morar conosco.

o Filho de Deus em seu seio, Maria se tornou o lugar do encontro e da comunhão entre a humanidade e Deus.

À maternidade biológica de Maria, categoricamente atestada pela Anunciação, vincula-se essencialmente, na perspectiva lucana, a fé como ato livre orientado pela graça e pelo amor. Nisso reside o sentido profundo do dogma da maternidade divina de Maria: Maria é realmente a Mãe de Jesus na ordem biológica pela ação da graça de Deus que lhe suscitou uma resposta de fé movida pelo amor. O Filho de Deus se encarnou no seio de Maria por obra do Espírito Santo, de modo que o mesmo Espírito fecundou-lhe o coração para que à sua maternidade carnal fosse conferida uma dignidade teológica fundamental. Já no contexto da Visitação (Lc 1,39-45), deparamo-nos com "o título dogmático maior de Maria" no Novo Testamento (Boff, 2004, p. 57): "Mãe do meu Senhor"[4] (Lc 1,43). Maria é, pois, a Mãe de Deus.

Evangelho de João:

a. "A mãe de Jesus" (Jo 2,1; 19,25).

O quarto Evangelho é predominantemente simbólico[5], e a maternidade de Maria é concebida igualmente nessa perspectiva, mas sempre a partir do fato de que ela é realmente a Mãe de Deus. A mãe de Jesus ao pé da cruz (Jo 19,25-28) exprime de forma belíssima o dado factual de sua maternidade – o sofrimento e a participação na dor do seu Filho crucificado – e o sentido teológico-prospectivo dessa mesma maternidade – pois, ao entregar o filho [João] à Maria, Jesus "**revela** e **constitui** ao mesmo tempo sua Mãe como Mãe dos Discípulos" (Boff, 2004, p. 84, grifo do original), Mãe da

---

[4] Biblicamente, *Senhor* refere-se ao próprio Deus e ao Messias por Ele enviado.

[5] "A **natureza** do discurso de João é que ele sempre fala em nível duplo: o nível **histórico** ou factual e o nível **simbólico**, que se ergue sobre o primeiro e ao qual se deve prestar mais atenção" (Boff, 2004, p. 81, grifo do original).

Comunidade, Mãe da Igreja. Porque Maria é, de fato, a Mãe de Jesus e tornou-se, em seu próprio Filho, Mãe de todos aqueles que continuariam a sua missão.

Notamos, pois, que o Novo Testamento (NT) utiliza em geral a expressão *Mãe de Jesus* para se referir à Maria. Dado que Jesus é Deus, Maria é, portanto, Mãe de Deus, Mãe do Filho de Deus encarnado.

No Antigo Testamento (AT) encontramos diversas alusões ao mistério da maternidade de Maria. Dizemos *alusões* pelo fato de não possuírem a clareza e a plenitude do NT.

> Ao longo da Antiga Aliança, a missão de Maria foi preparada pela missão de santas mulheres. Logo no princípio, temos Eva; apesar da sua desobediência, ela recebe a promessa duma descendência que sairá vitoriosa do Maligno e de vir a ser a mãe de todos os vivos. Em virtude desta promessa, Sara concebe um filho, apesar da sua idade avançada. Contra toda a esperança humana, Deus escolheu o que era tido por incapaz e fraco para mostrar a sua fidelidade à promessa feita: Ana, a mãe de Samuel, Débora, Rute, Judite e Ester e muitas outras mulheres. Maria "é a primeira entre os humildes e pobres do Senhor, que confiadamente esperam e recebem a salvação de Deus. Com ela, enfim, excelsa filha de Sião, passada a longa espera da promessa, cumprem-se os tempos e inaugura-se a nova economia da salvação". (CIC, n. 489)

Segundo Orozco (2016, p. 22), o símbolo profético da Filha de Sião, igualmente do AT, que representava o povo de Israel como esposa, mãe e virgem, realizou-se em plenitude na pessoa e no mistério de Maria.

Em conclusão, consideramos que os elementos mariológicos presentes na Sagrada Escritura, especialmente nos Evangelhos, que apontam para as diversas características de Maria – mulher que vive da fé e frutifica a Palavra, mulher perseverante no amor até à cruz, mãe da comunidade e outras – têm por fundamento a maternidade de Maria. "O aspecto central que confere importância à Maria segundo o testemunho do Novo Testamento e que fundamenta uma reflexão teológica é o fato de ser mãe do Messias, a conceição pelo Espírito, na qual o agir salvífico de Deus se manifesta no mundo" (Müller; Sattler, 2009, p. 150).

Assim, temos que a base bíblica da maternidade divina de Maria é indubitável quanto ao fato de sua maternidade biológica. Dos Evangelhos, que formam o núcleo da referida base, resulta essa afirmação, que serve de fundamento para o posterior desenvolvimento do dogma da maternidade de Maria. Considerando as diferentes abordagens dos evangelistas acerca da figura de Maria como a Mãe do Senhor Jesus, contemplamos o sentido teológico aí imbricado, que articula elementos factuais (antecedentes e radicais) – Maria é realmente a Mãe de Jesus – e elementos teológicos/antropológicos/pastorais (consequentes e de sentido) – as implicações da maternidade de Maria para a nossa vida cristã, de seguidores de Jesus.

1.2 Bases magisterial e experiencial da maternidade de Maria

Os cristãos dos primeiros séculos já consideravam Maria a *Theotókos*[6]. "À vossa proteção recorremos, Santa Mãe de Deus" é o início da prece mais antiga dirigida à Maria, datada dos séculos III e IV. A denominação *Mãe de Deus* encontra-se igualmente na segunda parte da oração da

---

6 Expressão grega que significa *Mãe de Deus*.

Ave Maria. O povo que aclamava Maria *Theotókos* gerou em Nestório, patriarca de Constantinopla no ano de 428, um questionamento acerca da expressão referida a ela. O pano de fundo de tal questionamento era o mistério cristológico, pois Nestório acreditava que Cristo era verdadeiro homem, unido de maneira extraordinária à Divindade, mas não verdadeiro Deus. Logo, Maria não poderia ser *Theotókos*, mas *Khristotókos*[7], ou seja, apenas a Mãe de Cristo homem. As questões relativas à consubstancialidade do Verbo de Deus ao Pai – definida no Concílio de Nicéia, em 325 – e da natureza da Segunda Pessoa da Trindade – discutida no Concílio de Éfeso, em 431 – levaram à definição de que Maria é *Theotókos*, pois Cristo assumiu uma natureza humana sem deixar de ser Deus.

> Maria é progenitora de Deus porque o Logos encarnado é verdadeiro Deus, porque não se perde sua natureza divina por causa da união com a natureza humana nem é limitada de qualquer forma. Maria é progenitora de Deus, porque deu à luz o Logos divino "segundo a carne", porque deu a vida a um ser humano. (Müller; Sattler, 2009, p. 162)

A declaração dogmática de Maria Mãe de Deus (*Theotókos*) se deu no Concílio de Éfeso, realizado no ano de 431. Os concílios posteriores – Calcedônia (451), Constantinopla II (553) e Constantinopla III (681) – confirmaram tal definição. O contexto no qual o dogma foi declarado era de natureza eminentemente teológica, como vimos anteriormente, referindo-se propriamente ao Mistério de Cristo, Deus e Homem. Da consideração sobre a encarnação do Verbo de Deus decorreu a afirmação de que Maria é, de fato, a Mãe de Deus, do Filho de Deus feito homem.

---

7 Expressão grega que significa *Mãe de Cristo*.

1.3 Sentido teológico do dogma da maternidade de Maria: *Theotókos*

A afirmação de que Maria é a Mãe de Deus, tal como definido pelo Concílio de Éfeso e reafirmado pelos concílios posteriores, refere-se à maternidade divina segundo a carne, segundo a humanidade de Jesus, em acordo com o que vimos anteriormente. É evidente que essa consideração é de capital importância para a reta compreensão do dogma da maternidade dela, uma vez que a possível afirmação genérica e indistinta de Maria como Mãe de Deus nos levaria ao absurdo, pois sendo Deus eterno, não pode ter sido originado em algo anterior a si mesmo. Nesse caso, fica-nos claro que a maternidade divina de Maria refere-se à origem do Cristo homem, de modo que é sublime a dignidade de Maria no âmbito do mistério da Encarnação, uma vez que não foi simples lugar ou canal para a humanidade de Jesus, mas a origem do mesmo Cristo homem, pois foi dela que Jesus realmente nasceu. Nesse sentido, contemplamos a seguir as palavras do reformador Lutero (1999, p. 60):

> Foram dadas a Maria tantas e tão grandes coisas que ninguém as pode compreender... Por essa razão, ela é uma pessoa especial dentre todo o gênero humano. Ninguém se iguala a ela, porque ela tem um Filho com o Pai celeste. E que Filho! [...] Por isso, toda a glória de Maria está encerrada nesta única palavra: "Mãe de Deus". Ninguém pode dizer algo de maior sobre Ela, ainda que tivesse tantas línguas como há folhas nas árvores, hastes de grama nos campos, estrelas no céu ou grãos de areia no mar. É preciso meditar no coração sobre o que significa ser Mãe de Deus.

Aspecto central do dogma da maternidade de Maria é o fato de que seu aceite ao plano de Deus foi livre e consciente. Reconhecemos aí um ato de fé voluntário e amoroso, paradigma atitudinal para todo aquele que ouve a palavra de Deus e a põe em prática, de modo que o próprio Cristo atribuiu essa atitude à sua mãe (Lc 8,21; 11,27-28). Santo Agostinho e São Leão Magno, por exemplo, captaram essa realidade ao enfatizarem que Maria concebeu antes na mente e depois no ventre. O primeiro assim afirmou: "Maria é mais feliz por ter sido discípula do Senhor do que mãe carnal do Senhor"[8]. Tal atitude de discípula – enraizada em seu ato de fé e amor no momento da Anunciação – tornou perene a maternidade de Maria, pois aquela que aceitou ser a Mãe de Deus por obra do Espírito Santo foi quem durante toda a sua vida seguiu os passos do seu Filho e Senhor até à eternidade.

> Confessar que Maria é Mãe de Deus é afirmar o realismo do mistério da Encarnação do Verbo: Jesus é verdadeiro homem, podendo sofrer e assim nos salvar. Esse dogma tem, pois, valor cristológico. Além disso, tem uma dimensão soteriológica: é para nossa salvação. Diz nesse sentido S. Paulo: **Deus mandou seu Filho, feito de mulher... para que nós recebêssemos a adoção filial** (primeira evocação histórica de Maria no NT e a única em S. Paulo). Por conseguinte, dizer "Maria" é dizer "Cristo" e é finalmente dizer nossa salvação. Assim, Ela contém em pequeno o mistério da salvação por inteiro. [...] S. Leão Magno é mais explícito: a fé em Maria "virgem-mãe" é como o resumo de toda a doutrina cristã. De fato, dizer "mãe" é afirmar a humanidade de Cristo e dizer "virgem" é afirmar a sua divindade. E nisso se concentra todo o Catecismo. (Boff, 2010, p. 17, grifo do original)

O senso dos fiéis percebeu rapidamente aquilo que a teologia tratou de aprofundar muito tempo depois: Maria, aos pés da cruz,

---

[8] *Sermão* 25,7-8, mencionado no Ofício das Leituras da Festa da *Apresentação de Nossa Senhora*, de 21 de novembro.

tornou-se Mãe de todos os discípulos na pessoa de João (Jo 19,25-28). Maria é Mãe de Cristo e, por isso, Mãe de todos os seus seguidores. Na perspectiva eclesial do Corpo de Cristo[9], reafirmamos com Santo Agostinho que, se Maria é a Mãe da Cabeça da Igreja, que é Cristo, é também Mãe de seus membros.

1.4 Base bíblica da Imaculada Conceição

Em termos bíblicos, o Evangelho de Lucas nos indica duas expressões que apontam para a concepção imaculada de Maria:

a. *Cheia de graça* (Lc 1,28). Segundo Boff (2010, p. 38), a expressão *kecharitomen* é singular em toda a Sagrada Escritura. Seu sentido radical é "plenamente agraciada", "repleta de graça". Assim, Maria devia ser cheia de graça desde a sua concepção.
b. *O Poderoso fez em mim maravilhas* (Lc 1,49). A Imaculada Conceição é uma das maravilhas que Deus realizou em Maria.

> O fundamento bíblico deste dogma encontra-se nas palavras que o Anjo dirigiu à jovem de Nazaré: "Ave, cheia de graça, o Senhor é contigo" (Lc 1,28). "Cheia de graça" no original grego *kecharitoméne* é o nome mais bonito de Maria, nome que lhe foi dado pelo próprio Deus para indicar que ela é desde sempre e para sempre a amada, a eleita, a predestinada para acolher o dom mais precioso, Jesus, "o amor encarnado de Deus". (Bento XVI, 2006)

João Paulo II explica que tal expressão – *cheia de graça* – traduz-se da referida palavra grega em sua forma de particípio passado.

---

[9] Ela é, portanto, mãe do Cristo total (cf. LG, n. 53).

Isso significa dizer que a tradução adequada é *feita cheia de graça* ou *cumulada de graça*, indicando que se trata de um dom concedido por Deus à Maria. A expressão *cheia de graça* – na forma de particípio perfeito – indica uma graça perfeita e perene, o que igualmente nos remete à plenitude da graça em Maria (João Paulo II, 1996).

Há também outra base bíblica na qual se reconhece a Imaculada Conceição. Trata-se do *Protoevangelho*[10]. Seguindo a reflexão de Orozco (2016, p. 37-40), temos que a inimizade entre a serpente e a mulher e a mesma mulher que pisa a cabeça da serpente são imagens que fazem referência à Imaculada. Deve-se a isso o fato de que muitas imagens de Maria Imaculada trazem em si a serpente sendo pisada pela Virgem. Essa relação hostil estabelecida por Deus entre a mulher e a serpente pode ser interpretada à luz da santidade pessoal de Maria, pois esta deveria se encontrar isenta do pecado desde o início de sua existência para que pudesse lhe esmagar a cabeça.

> Ora, se, por algum tempo, a bem-aventurada virgem Maria fosse privada da graça divina, como inquinada, na sua concepção, pela mancha hereditária do pecado, ao menos naquele momento, embora brevíssimo, não haveria entre ela e a serpente aquela perpétua inimizade de que se fala, desde a mais antiga tradição até a solene definição da Imaculada Conceição, mas, ao contrário, haveria certa sujeição. (Pio XII, 1953)

Tal inimizade, portanto, exige a Imaculada Conceição de Maria, sua radical e perene privação do pecado como condição para que em nenhum momento Maria estivesse sob o jugo do demônio, representado pela figura da serpente. Jesus venceu o maligno e concedeu à sua Mãe, já em seu nascimento, a graça da preservação do pecado e o poder de resistir às tentações do mesmo maligno. Em Maria, a obra redentora

---

10 Trata-se de Gn 3,15. Esse versículo denomina-se *Protoevangelho* porque é o primeiro anúncio da Redenção futura, do Evangelho da salvação: "Porei ódio entre ti e a mulher, entre a tua descendência e a dela. Esta te ferirá a cabeça, e tu ferirás o calcanhar".

do Filho se deu pela inexistência de toda e qualquer mancha de pecado, efeito notável do que o Filho iria realizar ao se fazer um de nós, porque Ele veio para salvar o seu povo dos seus pecados (Lc 1,77).

> Como todo o Antigo Testamento, Gênesis 3,15 recebe uma luz nova com a Nova Aliança e, nessa perspectiva, Jesus e Maria constituem uma réplica assimétrica de Adão e Eva. A mulher Eva procede do homem Adão. O novo Adão nasce da nova Eva, Maria. Com o seu pecado, Adão e Eva introduziram a morte na humanidade e perderam toda a riqueza sobrenatural e preternatural recebida do Criador. Cristo e Maria fazem o contrário: obedecem ao Pai celestial em tudo, até a morte. Ambos são filhos de Adão [...] mas a sua pureza, a sua graça, é plena; são imaculados. Com isso, apagam o feito de Adão e Eva [...] De fato, a vida que Cristo nos dá com a sua graça equivale a uma nova criação, que nos fiéis, começa com o sacramento do Batismo e, em Maria, por singular privilégio, no próprio instante da sua Concepção. (Orozco, 2016, p. 39)

Na esteira dessa base bíblica, temos a perspectiva patrística do dogma da Imaculada Conceição, cujos principais pontos são explicitados por Boff (2010, p. 36). Para os Santos Padres, a Imaculada Conceição emergia de duas passagens da Escritura: a) "Esta te ferirá a cabeça" (Gn 3,15) – como vimos anteriormente; e b) "Eis aqui a Serva do Senhor" (Lc 1,38). Outras figuras do AT também atestam aos Padres o mistério da Imaculada Conceição: a) a esposa do Cântico dos Cânticos: sem mancha (Ct 4,7), jardim fechado e fonte selada (Ct 4,12), bela como a lua, brilhante como o sol (Ct 6,10); b) a Tenda de Deus (Ex 31,1-11), a morada de Deus (*Shekinah*) (Lc 1,35), o Templo da glória (1Rs 8); e c) a Arca da Aliança (Ex 25,10; 1Sm 4-6; 2Sm 6; Sl 131; Ap 11,19).

1.5 Bases magisterial e experiencial da Imaculada Conceição

A bula *Ineffabilis Deus* (1854), de Pio IX, declarou solenemente a infalível doutrina da Imaculada Conceição.

> Em honra da Santa e indivisível Trindade, para decoro e ornamento da Virgem Mãe de Deus, para a exaltação da fé católica e para o incremento da Religião cristã, com a autoridade de Nosso Senhor Jesus Cristo, dos santos Apóstolos Pedro e Paulo e com a Nossa, declaramos, pronunciamos e definimos como doutrina revelada por Deus o seguinte: A Beatíssima Virgem Maria, no primeiro instante de sua concepção, por singular graça e privilégio de Deus onipotente, em vista dos méritos de Jesus Cristo, Salvador do gênero humano, foi preservada imune de toda mancha de pecado original. Essa doutrina, pois, deve ser crida firmemente e inviolavelmente por todos os fiéis. Portanto, quem presumir deliberadamente (que Deus não o permita!) pensar em seu coração uma opinião contrária a essa definição, conheça e saiba que condena a si mesmo por seu próprio juízo, que fez naufrágio na fé, que se separou da unidade da Igreja e que incorreu automaticamente nas penas estabelecidas pelo Direito. (CIC, n. 490-493)

A fonte principal para o dogma da Imaculada Conceição é o senso dos fiéis[11]. Ou seja, paulatinamente, o Povo de Deus, à luz da Palavra de Deus e da assistência do Espírito, foi compreendendo que a Mãe de Jesus foi, desde sempre, toda pura.

> É digno de nota o fato de que os Doutores (teólogos) só entenderam tarde aquilo que o sentimento espiritual do povo tinha cedo captado. Grandes inteligências teológicas [...] opuseram-se à crença na Imaculada, entre as quais S. Bernardo, Pedro Lombardo, Sto. Alberto Magno, Alexandre de Halles, S. Tomás, S. Boaventura, Melchior Cano, o cardeal Cajetano e muitos outros. Concediam apenas uma "purificação" da Virgem no seio materno, logo após a sua concepção, mas esta, de todo o modo, teria ocorrido no pecado. (Boff, 2010, p. 37)

---

[11] "Por meio do dom do Espírito Santo, 'o Espírito da verdade, que vem do Pai' e que dá testemunho do Filho (Jo 15,26), todos os batizados participam da missão profética de Jesus Cristo [...] Eles precisam dar testemunho do Evangelho e da fé dos apóstolos na Igreja e no mundo. O Espírito Santo lhes dá a unção e dons para esta alta vocação, conferindo-lhes um conhecimento muito pessoal e íntimo da fé da Igreja [...]. Como resultado, os fiéis têm um instinto para a verdade do Evangelho, o que lhes permite reconhecer quais são a doutrina e prática cristãs autênticas e a elas aderir. Esse instinto sobrenatural, que tem uma ligação intrínseca com o dom da fé recebido na comunhão da Igreja, é chamado de *sensus fidei*, e permite aos cristãos cumprir a sua vocação profética [...]. Como conceito teológico, o *sensus fidei* refere-se a duas realidades distintas, embora intimamente conexas; o sujeito próprio de uma é a Igreja [...] enquanto que o sujeito da outra é cada crente, que pertence à Igreja devido aos sacramentos da iniciação e que participa da fé e da vida da Igreja, particularmente através da celebração regular da Eucaristia. De uma parte, o *sensus fidei* refere-se à aptidão pessoal que tem um crente, no seio da comunhão da Igreja, para discernir a verdade da fé. Por outro lado, o *sensus fidei* refere-se a uma realidade comunitária e eclesial: o instinto da fé da própria Igreja, por meio do qual ela reconhece o seu Senhor e proclama sua palavra. O *sensus fidei* entendido neste sentido se reflete no fato de que os batizados convergem em uma adesão vital a uma doutrina de fé ou a um elemento da práxis cristã. Esta convergência (*consensus*) desempenha um papel vital na Igreja. O *consensus fidelium* é um critério seguro para determinar se uma doutrina ou uma determinada prática faz parte da fé apostólica" (CTI, 2014, n. 1-3).

1.6 Sentido teológico do dogma da Imaculada Conceição

Pecado original e natureza humana estão vinculados na medida em que o primeiro afeta a segunda, tornando-a decaída. Assim, a propagação do pecado original se deve à transmissão de uma natureza humana privada da santidade e da justiça originais. Nesse caso, sendo Maria uma criatura, como explicar a Imaculada Conceição? Em linhas gerais, Maria não é uma exceção à condição das demais criaturas, mas é a primeira redimida por Cristo (LG, n. 53-56). Orozco (2016, p. 48) indica-nos um desdobramento dessa questão:

> Ainda resta a dificuldade teológica sobre como uma pessoa pôde ter sido redimida sem nunca ter contraído, nem por um instante, o pecado original. É possível responder essa dúvida com a distinção entre "Redenção liberativa" e "Redenção preventiva" (introduzida por Duns Scoto). O primeiro conceito se aplica a todos nós por meio do "banho da regeneração" batismal. O outro se refere ao que aconteceu em Maria já antes de que pudesse incorrer em pecado.

Maria é a primeira redimida por Cristo em virtude dos méritos do Filho. A Redenção preventiva operada por Cristo nela concedeu-lhe a graça sublime de não contrair o pecado original, que é transmitido por geração.

O sentido teológico referente à Imaculada Conceição é certamente rico e profundo e circunscreve questões pertinentes à pessoa de Maria e ao significado de sua concepção para a vida cristã. Adotando os pontos abordados por Orozco (2016, p. 52-64), delineamos o mencionado sentido:

a. **A dignidade de Maria**[12]. No seio de Maria, por obra do Espírito, realizou-se a união hipostática[13]. Maria gerou um ser humano que era Deus, o Filho de Deus. Assim, Maria deveria ser digna de tal acontecimento, dado que o próprio Deus seria nela concebido e dela nasceria. A santidade de Maria, salvaguardadas as devidas proporções, deveria corresponder, na medida do possível, à santidade e sublimidade do que se faria em seu ser. Trata-se, de fato, de um mistério excelso, pois "o seu corpo teria de ser **previamente** santificado da máxima força possível a uma criatura" (Orozco, 2016, p. 53, grifo do original).

b. **Uma liberdade perfeita.** O consentimento livre de sua fé para que o Filho de Deus pudesse ser concebido por obra do Espírito exigia uma liberdade inteiramente possuída pela graça de Deus. A acolhida do maior dom – o Filho de Deus – comportava também a acolhida da maior dor e sofrimento[14]. O *fiat*[15] de Maria foi ao mesmo tempo totalmente livre e totalmente motivado pela graça de Deus, pois nesse *fiat* estava sendo empenhada a totalidade de sua existência, inclusive a participação no mistério da dor do Filho para a nossa salvação. Ora, tal liberdade perfeita só poderia ser encontrada em alguém que estivesse possuída em plenitude pela graça e impossibilitada de sofrer os efeitos do pecado.

c. **Imunidade de imperfeições voluntárias.** Maria foi isenta, durante toda a sua vida, de todo ato imperfeito, que atentasse contra a caridade e que estivesse inclinado ao mal.

d. **Sujeita à dor.** Maria esteve sujeita à dor não em virtude do pecado original, mas como participante da *kenosis*[16] de seu Filho que se

---

12 Cf. RM (*Redemptoris Mater*), n. 9.

13 União da natureza divina com a natureza humana na Pessoa do Verbo.

14 Tal como a profecia de Simeão: "Eis que este menino foi posto para a queda e para o soerguimento de muitos em Israel, e como um sinal de contradição – e a ti [Maria] uma espada traspassará tua alma! [...]" (Lc 2,34-35).

15 "Faça-se em mim segundo Tua palavra!" (Lc 1,38).

16 Expressão grega que exprime o esvaziamento de si mesmo, de sua própria vontade, em face da aceitação total da vontade de Deus (Cf. Fp 2,6-8).

despojou e se aniquilou pelos homens, permanecendo isento do pecado. Em Maria, que permaneceu passível e mortal, Deus realizou igualmente uma *kenosis* por meio de sua participação no Mistério do Filho – ou seja, o sofrimento de Maria está vinculado à vida de Cristo. "O privilégio da Imaculada Conceição, em vez de tirar a dor de Maria, aumentou nela a sua capacidade de sofrimento, porque, quando a dor é de amor, quanto maior for o amor, tanto maior será a dor" (Orozco, 2016, p. 60).

e. **Plenitude crescente de graça ao longo de sua vida.** A santidade inicial de Maria era plena e perfeita, mas não era infinita. Dito de outro modo: a santidade podia e deveria crescer ao longo de sua existência em virtude de união dela a Cristo e à vivência de sua palavra.

f. **Muito próxima de seus filhos.** A santidade de Maria não significa a ocorrência de uma distância entre nós, discípulos do Senhor, e a Mãe. A obra redentora de Cristo em Maria, fazendo-a participante da vida divina de modo especial, torna os cristãos e a Igreja mais próximos da Mãe de Deus ao invés de afastá-la de nossa realidade contingente. O próprio Cristo assim o fez ao assumir a nossa natureza para nos salvar: aproximou-se e veio fazer morada entre nós, entrou em comunhão íntima conosco.

> Quanto mais próxima de Deus está uma pessoa, mais participa da sua grandeza, da sua condescendência e intimidade com o coração humano, para elevá-lo a horizontes novos de amor e grandeza divina. Deus fez a Virgem Imaculada não só para que fosse a sua Mãe, mas também para uni-la intimamente a Ele em toda a obra da Redenção, seja quando esta se leva a cabo no Calvário, seja quando se aplica nos distintos momentos da vida de cada ser humano. Deus quis reunir em Maria todos os privilégios e dons da graça para que fosse também nossa Mãe, nossa Advogada e Auxiliadora. (Orozco, 2016, p. 63)

Síntese

- Os Evangelhos são a principal base bíblica da maternidade de Maria, pois evidenciam os fatos de tal maternidade e sempre a vinculam à salvação operada por Cristo, Filho de Deus, nascido de Maria.
- Maria é a Mãe do Senhor por obra do Espírito Santo e com base em sua aceitação de fé. À sua maternidade biológica vincula-se uma realidade teológica: a fé como ato livre orientado pela graça e pelo amor.
- A Mãe de Jesus ao pé da cruz, recebendo João como filho, revela-se e constitui-se Mãe dos discípulos de seu Filho.
- O NT utiliza, em geral, a expressão *Mãe de Jesus* para se referir à Maria. Dado que Jesus é Deus, Maria é, portanto, Mãe de Deus, Mãe do Filho de Deus encarnado.
- No AT encontramos diversas alusões ao mistério da maternidade de Maria, especialmente aquelas das santas mulheres, prefigurações da Mãe de Deus.
- A denominação de Maria como *Theotókos* (Mãe de Deus) deve-se ao fato de que, no seio de Maria, Cristo assumiu uma natureza humana sem deixar de ser Deus.
- A maternidade divina de Maria o é segundo a carne, segundo a humanidade de Jesus.
- A expressão bíblica que mais propriamente embasa a Imaculada Conceição de Maria é *cheia de graça*: aquela que é feita cheia de graça ou cumulada de graça, indicando que se trata de um dom concedido por Deus à Maria.
- O *Protoevangelho* é outra base bíblica na qual se reconhece a Imaculada Conceição. A relação hostil estabelecida por Deus entre a mulher e a serpente pode ser interpretada à luz da santidade pessoal de Maria, pois esta deveria se encontrar isenta do pecado desde o início de sua existência para que pudesse lhe esmagar a cabeça.

- Em Maria, a obra redentora do Filho se deu pela inexistência de toda e qualquer mancha de pecado, efeito notável do que o Filho iria realizar ao se fazer um de nós.
- Jesus e Maria constituem uma réplica assimétrica de Adão e Eva. A mulher Eva procede do homem Adão. O novo Adão nasce da nova Eva, Maria. Com o seu pecado, Adão e Eva introduziram a morte na humanidade. Cristo e Maria fazem o contrário: obedecem ao Pai celestial em tudo, até a morte.
- Maria é a primeira redimida por Cristo em virtude dos méritos do Filho. A Redenção preventiva operada por Cristo em Maria concedeu-lhe a graça sublime de não contrair o pecado original, que é transmitido por geração.

Indicações culturais

Confira a seguir algumas dicas que serão úteis para o aprofundamento do tema tratado no capítulo.

Maternidade divina de Maria

Texto para aprofundamento

PEREIRA, A. P. Maternidade divina de Maria. Disponível em: <https://goo.gl/LzjKes>. Acesso em: 7 jun. 2018.

Vídeo

NOSSA FÉ. Dogmas Marianos. Maternidade Divina e Virgindade de Maria. Disponível em: <https://www.youtube.com/watch?v=KtGy8mTOEZo>. Acesso em: 7 jun. 2018.

Explanação da Profa. Dra. Ir. Maria Freire da Silva sobre o dogma da maternidade divina de Maria (focalizar a atenção no trecho referente ao dogma da maternidade).

Imaculada Conceição

Vídeo

A DEFESA da Imaculada Conceição por Duns Scotus. Disponível em: <https://www.youtube.com/watch?v=H68RYLTY3ag>. Acesso em: 7 jun. 2018.

Reprodução cinematográfica da defesa da Imaculada Conceição por João Duns Scotus, religioso franciscano, filósofo e teólogo escolástico, nascido em 1266 e falecido em 1308.

Atividades de autoavaliação

1. Qual dos Evangelhos melhor retrata, factual e teologicamente, a maternidade divina de Maria? Assinale a alternativa correta.
   a) Mateus.
   b) Marcos.
   c) Lucas.
   d) João.

2. O povo que aclamava Maria *Theotókos* (Mãe de Deus) gerou em Nestório, patriarca de Constantinopla no ano de 428, um questionamento, pois ele acreditava que:
   a) Maria não teria existido realmente.
   b) Cristo era Deus, mas que não teria nascido de mulher alguma.
   c) Cristo não era verdadeiro Deus, mas apenas um homem unido extraordinariamente à divindade.
   d) Maria não era santa e, por consequência, não era digna de ser a Mãe de Deus.

3. A denominação de Maria como *Theotókos* (Mãe de Deus) deve-se ao fato de que:
   a) Maria intitulou-se a si mesma como Mãe de Deus.
   b) a Igreja primitiva precisou justificar aos pagãos a origem do Filho de Deus.
   c) Jesus foi concebido em Maria como uma representação de Deus.
   d) no seio de Maria Cristo assumiu uma natureza humana sem deixar de ser Deus.

4. A declaração de que Maria é a Mãe de Deus (*Theotókos*) se deve ao Concílio:
   a) de Éfeso, em 431.
   b) de Jerusalém, alguns anos após a ressurreição de Jesus.
   c) de Trento, iniciado em 1542.
   d) Vaticano I, realizado entre 1869-1870.

5. A declaração solene do dogma da Imaculada Conceição se deu pela:
   a) Carta Encíclica *Fulgens Corona*, de Pio XII, em 1853.
   b) Bula *Ineffabilis Deus*, de Pio IX, em 1854.
   c) Exortação Apostólica *Marialis Cultus*, de Paulo VI, em 1974.
   d) Carta Encíclica *Redemptoris Mater*, de João Paulo II, em 1987.

6. Maria foi isenta do pecado original pelos méritos de Cristo Redentor. À Redenção realizada em Maria, antes mesmo da vinda do Messias, dá-se o nome de:
   a) Redenção liberativa.
   b) Redenção prospectiva.
   c) Redenção preventiva.
   d) Redenção metafórica.

7. Sobre o sentido teológico próprio do dogma da maternidade divina de Maria, leia com atenção as afirmações a seguir e marque V para a(s) verdadeira(s) e F para a(s) falsa(s).
   ( ) Maria foi apenas o instrumento biológico (canal) pelo qual Deus se fez homem.
   ( ) Maria é realmente Mãe de Deus pela ação da graça divina que lhe suscitou uma resposta livre de fé movida pelo amor.
   ( ) Maria foi Mãe de Jesus porque não poderia ter dado uma resposta negativa ao anúncio do Anjo.
   ( ) A maternidade divina de Maria é uma metáfora, pois Cristo não é Deus, mas sim um homem muito próximo da divindade.

   Agora, assinale a alternativa que apresenta a sequência correta:
   a) F, V, F, F.
   b) F, V, V, F.
   c) V, V, F, F.
   d) V, F, F, F.

8. As alusões do AT à figura de Maria contemplam santas mulheres. Analise os itens a seguir que dizem respeito a elas e marque V para o(s) verdadeiro(s) e F para o(s) falso(s).
   ( ) Sara, Débora.
   ( ) Isabel, Maria de Magdala.
   ( ) Priscila, Lídia.
   ( ) Rute, Judite, Ester.

   Agora, assinale a alternativa que apresenta a sequência correta:
   a) F, V, F, V.
   b) V, V, F, V.
   c) F, F, V, V.
   d) V, F, F, V.

9. Existem expressões bíblicas que nos remetem ao dogma da Imaculada Conceição. Analise as que são apresentadas a seguir e marque V para a(s) verdadeira(s) e F para a(s) falsa(s).
   ( ) "O Poderoso fez em mim maravilhas" (Lc 1,49).
   ( ) "Cheia de graça" (Lc 1,28).
   ( ) "Que queres de mim, mulher? Minha hora ainda não chegou" (Jo 2,4).
   ( ) "Mulher, eis teu filho" (Jo 19,26).

   Agora, assinale a alternativa que apresenta a sequência correta:
   a) F, F, V, V.
   b) F, V, F, F.
   c) V, V, F, F.
   d) V, F, F, F.

10. O *Protoevangelho* é uma das bases bíblicas da Imaculada Conceição. Sabemos que esse versículo do AT se refere a situação(ões) específica(s). Analise as situações a seguir e marque V para a(s) verdadeira(s) e F para a(s) falsa(s).
    ( ) Refere-se ao resumo dos Evangelhos Sinóticos.
    ( ) Refere-se ao primeiro anúncio da redenção futura realizada por Cristo.
    ( ) Refere-se à inimizade entre a serpente e a mulher.
    ( ) Refere-se a um trecho bíblico que contradiz a mensagem do Evangelho.

    Agora, assinale a alternativa que apresenta a sequência correta:
    a) V, V, V, F.
    b) F, V, V, F.
    c) F, V, F, V.
    d) V, F, F, F.

11. A fonte principal para o dogma da Imaculada Conceição é o senso dos fiéis. Analise com atenção os conceitos a seguir, que podem dizer respeito ao que significa esse senso, e marque V para o(s) verdadeiro(s) e F para o(s) falso(s).
    ( ) Um instinto para a verdade do Evangelho, o que permite aos fiéis reconhecerem quais são a doutrina e prática cristãs autênticas.
    ( ) A aptidão pessoal que tem um crente, no seio da comunhão da Igreja, para discernir a verdade da fé.
    ( ) Um documento sobre a fé assinado pela maioria dos fiéis católicos.
    ( ) O instinto da fé da própria Igreja, por meio do qual ela reconhece o seu Senhor e proclama sua palavra.

    Agora, assinale a alternativa que apresenta a sequência correta:
    a) F, F, F, V.
    b) V, V, F, V.
    c) F, V, F, V.
    d) V, F, F, V.

Atividades de aprendizagem

Questões para reflexão

1. *Maternidade divina de Maria*

    Eis algumas atitudes propostas com base no sentido teológico e espiritual da maternidade de Maria. Faça e leitura e registre, por escrito, em que medida as atitudes a seguir contribuem com a sua missão como cristão no mundo atual.
    - Como Maria, somos chamados a encarnar a Palavra no cotidiano de nossa existência. Maria nos afasta de uma concepção religiosa intelectualista e alienada, pois empenhou a integralidade de sua vida na missão de ser a Mãe de Deus feito homem, no amor e na dor.

- Maria é o paradigma de nossa maternidade espiritual que se atualiza mediante a nossa resposta de fé. Assentir à Palavra e praticá-la é viver como Maria. Pela fé, concebemos Cristo no coração; e pelo testemunho, podemos gerá-lo para que possa ser conhecido e amado.
- A relação entre pais e filhos igualmente adquire um sentido novo à luz da maternidade de Maria. Para além da maternidade/paternidade biológica, os pais são chamados a comunicar a fé, a graça e os valores decorrentes dessa experiência, assim como Maria acolheu em seu ventre o Filho de Deus e o educou, com José, em sua família.

2. *Imaculada Conceição*

Propomos nesse momento a recitação da Liturgia das Horas[17] da *Solenidade da Imaculada Conceição*, celebrada a cada ano litúrgico no dia 8 de dezembro, data que recorda a proclamação solene do dogma da Imaculada Conceição no ano de 1854 por Pio IX. Reserve um momento especial durante o seu estudo ou durante suas atividades cotidianas para meditar sobre os textos e orações próprias dessa liturgia. Pense em cada palavra, remetendo-a à sua densidade teológica em face do sentido do dogma da Imaculada Conceição e à sua própria relação com Deus e com a Virgem Maria na sua caminhada cristã. Você poderá acessar os textos próprios no *link* a seguir:

IMACULADA CONCEIÇÃO DE NOSSA SENHORA. **Ofício das leituras**. Disponível em: <http://www.liturgiadashoras.org/oficiodasleituras/imaculadaconceicao.html>. Acesso em: 7 jun. 2018.

---

17 A Liturgia das Horas (também chamada *Ofício Divino*) é a oração pública e comunitária oficial da Igreja Católica. Consiste na oração cotidiana em diversos momentos do dia por meio de salmos e cânticos, da leitura de passagens bíblicas e da elevação de preces a Deus. Com essa oração, a Igreja procura cumprir o mandato que recebeu de Cristo de orar incessantemente, louvando a Deus e pedindo-Lhe por si e por todos os homens.

Atividade aplicada: prática

1. Dialogue com algumas pessoas de sua família e comunidade eclesial, apresentando-lhes as seguintes questões:

    - O que você entende pela expressão *Mãe de Deus*?
    - O que você entende pela expressão *Imaculada Conceição*?

    Registre as respostas e, posteriormente, compare com o conteúdo estudado no presente capítulo a fim de verificar quais são as correspondências e divergências. Faça essa comparação utilizando uma tabela para a sistematização de suas conclusões.

2
A virgindade perpétua e a assunção de Maria[1]

---

[1] Todas as passagens bíblicas indicadas neste capítulo são citações de Bíblia (2002).

Neste segundo capítulo, tratamos dos seguintes dogmas marianos: a virgindade perpétua e a assunção de Maria. Assim como os apresentados no capítulo anterior, estes encontram-se essencialmente vinculados à participação de Maria no plano divino da salvação, ou seja, possuem, radical e fundamentalmente, um sentido cristológico e soteriológico, cujos elementos teológicos se referem igualmente à vida e à missão da Igreja e dos cristãos.

Do mesmo modo como fizemos no Capítulo 1, apresentamos aqui os principais elementos e aspectos referentes aos dogmas em questão com alguns enfoques específicos: sua base bíblica, suas bases magisterial e experiencial e seu sentido teológico. Tais aspectos são interdependentes e nos possibilitam conhecer, de maneira panorâmica, os elementos teológicos subjacentes às referidas formulações dogmáticas.

2.1 Base bíblica da virgindade de Maria

Biblicamente, o fato da virgindade de Maria nos é atestado pelos evangelistas Mateus e Lucas. Em Mateus há quatro referências; e em Lucas, uma única referência, que reforça aquelas da tradição mateana. Vejamos:

Evangelho de Mateus:

a. "Antes de coabitarem, aconteceu que Ela concebeu por virtude do Espírito Santo" (Mt 1,18).
b. "O que nela foi concebido vem do Espírito Santo" (Mt 1,20).
c. "Eis que uma Virgem conceberá e dará à luz um filho" (Mt 1,23).
d. "Sem que José a tivesse conhecido, ela deu à luz o seu filho" (Mt 1,25).

Evangelho de Lucas:

a. "Como se fará isso, pois não conheço homem? O Espírito Santo descerá sobre ti. Por isso, o ente santo que nascer de ti será chamado Filho de Deus" (Lc 1,34-35).

A expressão *conheço* (conhecer) é utilizada na Sagrada Escritura para designar a experiência de relacionar-se sexualmente com outrem.

Nesse caso, Maria afirma não conhecer homem algum, ou seja, diz não ter tido relações dessa natureza, relações de intimidade amorosa. Assim também José não teve relações com Maria (Mt 1,25).

2.2 Bases magisterial e experiencial da virgindade de Maria

Segundo Clodovis Boff (2010, p. 21), as principais afirmações e definições do Magistério acerca da virgindade de Maria são:

a. Os Credos Apostólicos – no qual professamos "Nasceu da Virgem Maria" – e Niceno-Constantinopolitano – no qual se reza "E se encarnou pelo Espírito Santo no seio da Virgem Maria".
b. O Concílio de Constantinopla II, realizado no ano de 553, que afirmou a sempre Virgem Maria.
c. O Sínodo de Latrão, de 649, que assim explicitou o dogma da virgindade de Maria, citado por Denzinger (1963, p. 93, tradução nossa):

> Se alguém não professa, de acordo com os Santos Padres, propriamente e segundo a verdade, por Mãe de Deus a santa e sempre Virgem Maria, como aquela que concebeu nos últimos tempos sem sêmen por obra do Espírito Santo o mesmo Verbo de Deus [...] permanecendo ela, também depois do parto, em sua virgindade indissolúvel, seja condenado.

d. A Constituição do Papa Paulo IV, de 1555, que afirma ser Maria virgem antes do parto, no parto e depois do parto.

Também o dogma da virgindade de Maria está essencialmente vinculado ao senso dos fiéis, à fé do Povo de Deus em Maria sempre virgem. Boff (2010, p. 23) nos apresenta o fato de que desde o século II a expressão *Virgem* passou a ser utilizada como a principal designação de Maria. Os Santos Padres se valeram da palavra *Virgem* 3.567 vezes, já a expressão *Mãe de Deus* foi utilizada 1.009 vezes. De acordo com Murad (2012, p. 150), a certeza relativa à virgindade de Maria fez com que muitos países de língua espanhola passassem a chamar Maria de "A Virgem", tamanha a cristalização dessa realidade na fé do povo.

É verdade que nos contextos moderno e contemporâneo a virgindade de Maria tem sido objeto de críticas por parte de pesquisadores e mesmo pelo contexto social hodierno, marcado pela erotização desenfreada e pela busca constante do prazer. Parece que a virgindade dela está atrelada ao desejo de manutenção de uma concepção de mulher submissa ao homem e reprimida sexualmente. Murad (2012, p. 150) explicita o paradoxo de Maria Mãe e Virgem como o ponto de apoio daqueles que sustentam uma crítica ao dogma da virgindade de Maria com base em um modelo inalcançável de mulher, à parte das contingências e contradições da existência humana.

2.3 Sentido teológico do dogma da virgindade de Maria

O dogma da virgindade de Maria foi formulado no Concílio de Constantinopla II, no ano de 553, com a seguinte definição: "Se alguém não professa que há dois nascimentos do Verbo de Deus, um do Pai, antes dos séculos, sem tempo e incorporalmente; outro nos últimos dias, quando Ele mesmo desceu dos céus e se encarnou na santa gloriosa

Mãe de Deus e sempre Virgem Maria e nasceu dela; esse seja condenado" (Denzinger, 1963, p. 79, tradução nossa). Compõem esse dogma três elementos significativamente importantes:

a. a concepção virginal: Maria concebeu Jesus pela ação do Espírito, sem relacionar-se sexualmente com José;
b. a virgindade no parto: Maria se manteve virgem durante o parto;
c. a virgindade perpétua: Maria não teve relações sexuais durante a vida.

No que tange à concepção virginal, inspirados pelas palavras de Murad (2012, p. 153), compreendemos essa realidade "como um acontecimento histórico-salvífico relacionado à encarnação do Filho de Deus. Trata-se de um símbolo real: um fato que transcende a si mesmo, com uma significação mais profunda". Confessa a Igreja que Maria concebeu Jesus em seu seio unicamente pela ação e poder do Espírito Santo, de modo que o aspecto real decorrente desse fato – a virgindade do corpo – é objeto de fé. Dada essa afirmação, compreendemos que a virgindade real de Maria, na ótica do plano de Deus e da fé, apresenta-nos um sentido cristológico:

> O olhar da fé pode descobrir, em ligação com o conjunto da Revelação, as razões misteriosas pelas quais Deus, no seu desígnio salvífico, quis que o seu Filho nascesse duma virgem. Tais razões dizem respeito tanto à pessoa e missão redentora de Cristo como ao acolhimento dessa missão por Maria, para bem de todos os homens. (CIC, n. 502)

A concepção virginal expressa a iniciativa absoluta de Deus que, em Maria, estabeleceu uma nova criação em Jesus, plenitude do amor e rosto da misericórdia do Pai, o novo Adão, que "inaugura, pela sua conceição virginal, o **novo nascimento** dos filhos de adoção, no Espírito Santo, pela fé" (CIC, n. 505, grifo do original). Em Maria Virgem, que se torna Mãe, reconhecemos a graça sem medida do Espírito, o presente concedido por Deus à humanidade por sua livre iniciativa e infinita bondade.

A concepção virginal de Maria, portanto, não diz apenas respeito e não se reduz ao aspecto corporal – real e objeto de fé atestado pelo Evangelho –, mas aponta prioritariamente sua entrega a Deus pela fé, de modo que "a virgindade é nela **o sinal da sua fé**" (CIC, n. 506, grifo do original). Acolhendo a vontade de Deus pela fé, ela se torna Mãe do Salvador, e essa acolhida é sem reservas, é uma entrega total ao plano de Deus, cujo aspecto virginal nos revela a radicalidade de sua opção e sua confiança total na obra do Espírito.

No que tange à virgindade no parto, trata-se de uma realidade explicável apenas pela onipotência divina: "porque a Deus nenhuma coisa é impossível" (Lc 1,37). "Tradicionalmente, associou-se à virgindade no parto a ausência de dores e a integridade do hímen, mas não há declaração oficial da Igreja sobre isso" (Murad, 2012, p. 156). Boff (2010, p. 26) cita Santo Agostinho – "Nessas coisas, a razão do fato está na onipotência de quem o fez" – e Santo Tomás – o parto de Maria foi "totalmente miraculoso" – para explicitar o caráter excepcional do parto de Maria. As tradições patrística e litúrgica bem como o Magistério da Igreja convergem quanto ao fato da virgindade no parto e quanto à natureza miraculosa de tal acontecimento. A Constituição Dogmática *Lumen Gentium* (LG, n. 57) afirma: nascendo de Maria, Cristo "consagrou a integridade de sua virgindade, sem feri-la de maneira alguma".

O sentido teológico da virgindade de Maria no momento do parto é certamente rico e profundo quanto à sua participação no plano da salvação e para a nossa vida na fé:

> Primeiro, é um "parto divino", isto é, digno de Deus ou conveniente à dignidade do Verbo [...]. O corpo da Virgem foi comparado por Sto. Ambrósio e S. Jerônimo à "Porta oriental" do novo templo descrito por Ezequiel (44,2), porta que ficaria sempre fechada e só

se abriria à passagem do "Príncipe do Povo". O corpo da Virgem é também visto como o **jardim fechado**, a **fonte selada**, só acessível ao Amado, Deus (Ct 4,12). Segundo, é um parto "paradisíaco", como teria sido o de Eva, antes do pecado. A Imaculada não foi submetida à maldição do "parto com dores", fruto do pecado (Gn 3,16). Terceiro, é enfim um "parto messiânico", como o da Jerusalém do fim dos tempos, a qual **antes de sentir as dores deu à luz um filho** (Is 66,7) [...]. Como os milagres em geral, esse também é a antecipação da plenitude da redenção no "mundo novo", onde "o parto se dá na alegria, sem dor". (Boff, 2010, p. 28, grifo do original)

Por fim, quanto à virgindade perpétua de Maria, a Igreja afirma que Maria não teve outros filhos além de Jesus. A Tradição e o senso dos fiéis, desde os primórdios do cristianismo, atribuíam a ela a condição de pessoa singularmente agraciada por Deus, fato que a levou a entregar-se inteiramente a Deus e ao projeto de Jesus, conservando-se virgem pelo Reino de Deus. Os primeiros cristãos tinham para si – convicção que foi se desenvolvendo no seio das comunidades – que Maria optou livremente pelo celibato por tamanha graça que experimentou e que lhe exigia uma doação total ao Evangelho que ela mesma carregou em seu ventre.

> A virgindade de Maria é **integral**, não só no sentido da real entrega de corpo e alma a Deus, mas também no sentido de uma entrega perpétua. Em outras palavras, a Santíssima Virgem não foi só toda de Deus, mas foi também sempre de Deus. Portanto, a sua prestação não foi passageira, mas permanente e total, sem resto algum [...]. Por isso mesmo, Maria se sentiu tão plenificada por Cristo [...] que não podia conceber "outro filho". O amor ao seu Filho único respondia totalmente às suas expectativas de mulher [...]. Depois que foi invadida e possuída totalmente pelo Espírito de Deus, Ela não podia pertencer mais a homem nenhum. Por isso afirmava Orígenes: "A dignidade de Maria exige que aquele corpo, destinado a servir ao Verbo e sobre o qual descera o Espírito Santo [...] não conhecesse relação sexual com homem nenhum". (Boff, 2010, p. 24, grifo do original)

2.4 Base bíblica da assunção de Maria

Em termos bíblicos, não há texto que se refira explícita e diretamente à assunção de Maria. Todavia, dado que a Sagrada Escritura articula palavras (texto), fatos e sentidos, a comunidade cristã foi descobrindo o dogma da assunção por meio de alguns elementos bíblicos dos quais depreendeu que Maria foi elevada aos céus em corpo e alma. Vale ressaltar que não o fez com base em elementos isolados, a modo de indícios ou provas, mas do conjunto de tais elementos, de seu sentido fundamental que aponta para a glorificação de Maria, Mãe de Deus. As ideias comuns de todos esses temas são duas: a íntima associação de Maria ao destino do Filho e sua santidade plena. Uma e outra coisa levaram o Povo de Deus a descobrir a verdade da glorificação imediata e total da Mãe de Deus (Boff, 2010, p. 49):

a. "Ela te ferirá a cabeça" (Gn 3,15). A mulher que vence o mal e, por consequência, a morte e a corrupção do corpo.
b. Maria não comeu do "fruto da morte" (Gn 3,6; Lc 1,38). Maria não podia experimentar a morte como a primeira Eva.
c. "Levantai-vos, Senhor, para vir ao vosso repouso, vós e a arca de vossa majestade" (Sl 131,8). Maria é a nova Arca que sobe com o Senhor, pois "como a madeira da velha Arca devia ser incorruptível [...] mais ainda devia permanecer incorruptível o corpo imaculado e virginal de Maria, inteiramente consagrado a Cristo e à sua missão, não podendo, portanto, ser destruído pela morte" (Boff, 2010, p. 50).
d. "Quem é esta que sobe do deserto apoiada em seu Amado?" (Ct 8,5). Maria é a Mãe do Rei que merecia ser colocada à direita do Filho.

e. A Mulher vestida de sol (Ap 12). Maria é essa mulher a quem o dragão não ataca, a mulher glorificada; na expressão de *Lumen Gentium* (LG, n. 68), "imagem e início da Igreja perfeita".
f. "Maria foi a primeira pessoa tocada pela ressurreição" (Fl 3,10). Sendo a criatura que mais pertenceu a Cristo, Maria foi a primeira a receber os efeitos de sua ressurreição, ressuscitando logo após sua morte.
g. Maria é a "primeira e generosa associada" de seu Filho, conforme indicada na *Lumen Gentium* (LG, n. 61). Participando da humilhação e do sofrimento de seu Filho, Maria também tomou parte de sua glorificação.

2.5 Bases magisterial e experiencial da assunção de Maria[2]

A definição dogmática da assunção de Maria está na Constituição Apostólica *Munificentissimus Deus*, do Papa Pio XII, datada de 1º de novembro de 1950:

> Pelo que, depois de termos dirigido a Deus repetidas súplicas, e de termos invocado a paz do Espírito de verdade, para glória de Deus onipotente que à Virgem Maria concedeu a sua especial benevolência, para honra do seu Filho, Rei imortal dos séculos e triunfador

---

[2] No que tange à assunção de Maria, salientamos alguns elementos histórico-teológicos: os Apócrifos mencionam o trânsito de Maria (Gregório de Tours, 594); no século VI, a festa da gloriosa dormição era celebrada em Jesusalém e Constantinopla; um decreto do imperador Maurício (582-602) estabeleceu a Festa da Assunção de Maria para o dia 15 de agosto, tornando-se a festa mariana bizantina mais importante, de modo que nos séculos VIII e IX ela estendeu-se ao Ocidente; João Damasceno (749) foi um dos primeiros defensores da assunção de Nossa Senhora; no período medieval, a assunção foi defendida por Ricardo de São Vítor, São Pedro Damião, Abelardo, Alberto Magno, Tomás de Aquino e Boaventura.

do pecado e da morte, para aumento da glória da sua augusta Mãe, e para gozo e júbilo de toda a Igreja, com a autoridade de nosso Senhor Jesus Cristo, dos bem-aventurados Apóstolos Pedro e s. Paulo e com a nossa, pronunciamos, declaramos e definimos ser dogma divinamente revelado que: a Imaculada Mãe de Deus, a sempre virgem Maria, terminado o curso da vida terrestre, foi assunta em corpo e alma à glória celestial. Pelo que, se alguém, o que Deus não permita, ousar, voluntariamente, negar ou pôr em dúvida esta nossa definição, saiba que naufraga na fé divina e católica. (Pio XII, 1950)

No que se refere ao senso dos fiéis como base experiencial e de testemunho para o dogma da assunção, destacamos o assim chamado *movimento assuncionista*, cujas petições, em grande número, foram enviadas à Santa Sé para que o referido dogma fosse proclamado. Boff (2010, p. 44) apresenta, em linhas gerais, o percurso desse movimento e o processo que antecedeu ao dogma.

a. **Primeiras petições**: Pe. Cesário Shguanin, OSM, falecido em 1769; e a Rainha Isabela da Espanha, que fez o pedido ao Papa Pio XI em 1863.
b. **Demais petições**: D. Luigi Vaccari, beneditino, no contexto do Vaticano I; Beato Bártolo Longo, advogado que coletou milhares de assinaturas no início do século XX; e petições oriundas da África, da Ásia, da Oceania e também do Brasil. Os papas Pio X e Bento XV solicitaram o aprofundamento teológico da questão.
c. **Aumento das petições**: Entre os anos 1863 e 1921 foram recolhidas em torno de 1,6 bilhão de assinaturas, e entre os anos de 1921 e 1940, quase 6,5 bilhões.
d. **Consulta final**: O Papa Pio XII, no ano de 1946, consultou todos os bispos do mundo sobre o sentimento do povo acerca da assunção de Maria e as respostas positivas ultrapassaram 98%.

2.6 Sentido teológico do dogma da assunção de Maria

Em perspectiva teológica, o dogma da assunção de Maria nos remete a algumas questões também pertinentes aos outros dogmas marianos e a alguns problemas que, salvaguardadas as suas divergências, podem ser lidos à luz do caráter cristocêntrico do dogma, assim como acontece nos outros dogmas que aqui apresentamos.

Dentre as questões teológicas que se articulam aos demais dogmas, temos:

> a. Quanto à maternidade divina: Maria esteve unida a Cristo por um laço íntimo e indissociável, e isso em todos os níveis: corporal (pela geração), psicológico (pelo afeto) e espiritual (pela comunhão em sua missão); como poderia, então, estar separada do Filho glorioso em virtude da morte corporal? b) Quanto à virgindade: já que o corpo de Maria, porque plasmado e ungido pelo Espírito da Vida, foi mantido sempre íntegro, como poderia ter sofrido a dissolução da morte? c) Quanto à imaculada conceição: por ser Toda-santa [...] Maria nada deveu ao pecado e, portanto, também nada à morte, que é o salário do pecado (Rm 6,23). (Boff, 2010, p. 51)

É importante considerarmos que a assunção aos céus não se trata de uma subida espacial de Maria[3]. Expressão precisa é assunta *na glória*

---

[3] A expressão *céu* designa aqui não um lugar ou um espaço físico para o qual Maria foi elevada. Antes disso, refere-se ao estado definitivo – glorioso e majestoso – da presença de Deus. Trata-se do céu escatológico, realidade transcendente na qual se vê "a essência divina com uma visão intuitiva e até face a face, sem a mediação de nenhuma criatura" (CIC, n. 1.023, citando Bento XII). O céu é a vida plena e definitivamente feliz com a Santíssima Trindade, comunhão total com Deus. Parece-nos difícil considerar o céu à parte da categoria de espaço; por isso, utiliza-se igualmente a expressão *glória celeste* para nos remeter à dimensão definitiva da comunhão com Deus que Maria e todos os que se encontram diante de Deus em sua majestade experimentam.

celeste, indicando o caráter glorioso da assunção. Vale igualmente destacarmos que Maria foi assunta, ou seja, foi elevada por Deus, estando mais uma vez aí submetida à vontade e ao poder de Deus, como sempre esteve desde a sua imaculada conceição.

Síntese

- A base bíblica da virgindade de Maria encontra-se nos Evangelhos de Mateus e Lucas.
- A expressão *conheço* (conhecer) é utilizada na Sagrada Escritura para designar a experiência de relacionar-se sexualmente com outrem. Nesse caso, Maria afirma não conhecer homem algum (Lc 1,24), ou seja, diz não ter tido relações dessa natureza, relações de intimidade amorosa.
- A base magisterial do dogma da virgindade de Maria está nos Credos Apostólico e Niceno-Constantinopolitano, no Concílio de Constantinopla II (533), no Sínodo de Latrão (649) e na Constituição do Papa Paulo IV (1555).
- Desde o século II a expressão *A Virgem* passou a ser utilizada como a principal designação de Maria, sendo muito mais utilizada do que a expressão *Mãe de Deus*.
- O dogma da virgindade de Maria foi formulado no Concílio de Constantinopla II, no ano de 553, com a seguinte definição: "Se alguém não professa que há dois nascimentos do Verbo de Deus, um do Pai, antes dos séculos, sem tempo e incorporalmente; outro nos últimos dias, quando Ele mesmo desceu dos céus e se encarnou na santa gloriosa Mãe de Deus e sempre Virgem Maria e nasceu dela; esse seja condenado" (Denzinger, 1963, p. 79, tradução nossa).

- Compõem o dogma da virgindade de Maria três elementos significativamente importantes: a) a concepção virginal; b) a virgindade no parto; e c) a virgindade perpétua.
- A concepção virginal de Maria não se reduz ao aspecto corporal – real e objeto de fé atestado pelo Evangelho –, mas aponta prioritariamente sua entrega a Deus pela fé, de modo que "a virgindade é nela **o sinal da sua fé**" (CIC, n. 506, grifo do original).
- No que tange à virgindade no parto, trata-se de uma realidade explicável apenas pela onipotência divina: "porque a Deus nenhuma coisa é impossível" (Lc 1,37).
- Quanto à virgindade perpétua de Maria, a Igreja afirma que Maria não teve outros filhos além de Jesus.
- A base bíblica da assunção de Maria reside no conjunto dos elementos bíblicos que apontam para a glorificação de Maria.
- As ideias comuns a esses elementos são: a íntima associação de Maria ao destino do Filho e sua santidade plena.
- A definição dogmática da assunção de Maria está na Constituição Apostólica *Munificentissimus Deus*, do Papa Pio XII, datada de 1º de novembro de 1950.
- Para a proclamação do dogma da assunção, destaca-se o assim chamado movimento assuncionista, cujas petições, em grande número, foram enviadas à Santa Sé. Salienta-se, contudo, para tal proclamação, a convicção crescente de dois mil anos de catolicismo.
- A assunção aos céus não se trata de uma subida espacial de Maria. Expressão precisa é assunta *na glória celeste*, indicando o caráter glorioso da assunção.

Indicações culturais

Virgindade de Maria

Vídeos

JESUS teve irmãos? Disponível em: <https://www.youtube.com/watch?v=iicdZVTB7fw>. Acesso em: 7 jun. 2018.

Explanação do Prof. Dr. Felipe Aquino sobre o registro bíblico dos irmãos de Jesus (Mt 13,55) em face da afirmação da virgindade de Maria.

NOSSA FÉ. Dogmas Marianos. Maternidade Divina e Virgindade de Maria. Disponível em: <https://www.youtube.com/watch?v=KtGy8mTOEZo>. Acesso em: 7 jun. 2018.

Explanação da professora doutora Ir. Maria Freire da Silva sobre o dogma da maternidade divina de Maria (focalizar a atenção no trecho referente ao dogma da virgindade).

Assunção de Maria

Vídeo

PROCLAMAÇÃO do Dogma da Assunção de Maria ao Céu. Disponível em: <https://www.youtube.com/watch?v=FtlzZJ6vJjA>. Acesso em: 7 jun. 2018.

Imagens do dia 1º de novembro de 1950, na Praça São Pedro, em Roma. Nessa ocasião, o Papa Pio XII proclamou solenemente o dogma da assunção de Maria. Ainda que o vídeo não possua legendas e áudio em língua portuguesa, a contemplação das imagens e da atmosfera da celebração nos dá uma significativa percepção desse acontecimento importante da história da Igreja contemporânea.

Atividades de autoavaliação

1. No episódio da anunciação, Maria questiona o Anjo sobre o modo pelo qual o Filho de Deus será nela concebido. Qual a expressão utilizada por Maria para afirmar que não havia tido relações sexuais e de intimidade amorosa com outrem?
   a) Conheço (conhecer).
   b) Reconheço (reconhecer).
   c) Relaciono-me (relacionar).
   d) Tenho (ter).

2. A definição dogmática "O Filho [...] desceu do céu e encarnou-se da santa, altamente celebrada, Mãe de Deus e sempre Virgem Maria" foi proclamada pelo:
   a) Sínodo de Latrão, de 649.
   b) Concílio de Éfeso, de 431.
   c) Concílio de Constantinopla II, de 533.
   d) Concílio Vaticano II, realizado entre 1962 e 1965.

3. Qual o principal título referido à Maria a partir do século II?
   a) Mãe da Igreja.
   b) Mãe de Deus.
   c) A Imaculada.
   d) A Virgem.

4. Assinale a alternativa que apresenta corretamente onde está a base bíblica da assunção de Maria:
   a) Livro do Apocalipse.
   b) Conjunto dos elementos bíblicos que apontam para a glorificação de Maria.
   c) Evangelho de Lucas.
   d) Livro dos Atos dos Apóstolos.

5. Qual pontífice declarou solenemente o dogma da Assunção de Maria?
   a) Paulo VI, em 1965.
   b) Bento XV, em 1920.
   c) Pio XII, em 1950.
   d) João XXIII, em 1958.

6. Quanto à base bíblica do dogma da virgindade de Maria, analise os itens a seguir e marque V para o(s) verdadeiro(s) e F para o(s) falso(s).
   ( ) A base bíblica encontra-se no Evangelho de Mateus.
   ( ) A base bíblica encontra-se no Evangelho de Marcos.
   ( ) A base bíblica encontra-se no Evangelho de Lucas.
   ( ) A base bíblica encontra-se no Evangelho de João.

   Agora, assinale a alternativa que apresenta a sequência correta:
   a) V, F, V, F.
   b) V, V, F, F.
   c) F, F, V, F.
   d) V, F, F, F.

7. Sobre os elementos compõem o dogma da virgindade de Maria, marque V para o(s) verdadeiro(s) e F para o(s) falso(s).
   ( ) Concepção virginal.
   ( ) Imaculada concepção.
   ( ) Virgindade no parto.
   ( ) Virgindade perpétua.

   Agora, assinale a alternativa que apresenta a sequência correta:
   a) F, F, V, V.
   b) V, V, F, V.
   c) F, V, V, V.
   d) V, F, V, V.

Atividades de aprendizagem

Questão para reflexão

1. Propomos a leitura de um trecho da Constituição Apostólica *Munificentissimus Deus*, do Papa Pio XII, na qual declara o dogma da assunção de Maria. Grifamos algumas palavras/frases no intuito de que possamos pensar mais sobre elas, traduzindo-as para a nossa vida diária e para a nossa missão como cristãos. Sugerimos a escrita das intuições e percepções como propósitos para nossa caminhada cristã.

> S. João Damasceno, que entre todos se distingue como pregoeiro dessa tradição, ao comparar a assunção gloriosa da Mãe de Deus com as suas outras prerrogativas e privilégios, exclama com veemente eloqüência: "Convinha que aquela que no parto manteve ilibada virgindade conservasse o corpo incorrupto mesmo depois da morte. Convinha que **aquela que trouxe no seio o Criador encarnado, habitasse entre os divinos tabernáculos**. Convinha que morasse no tálamo celestial aquela que o Eterno Pai desposara. Convinha que aquela que viu o seu Filho na cruz, com o coração traspassado por uma espada de dor de que tinha sido imune no parto, contemplasse assentada à direita do Pai. **Convinha que a Mãe de Deus possuísse o que era do Filho**, e que fosse venerada por todas as criaturas como Mãe e Serva do mesmo Deus".
>
> [...] são Germano de Constantinopla julgava que a incorrupção do corpo da virgem Maria Mãe de Deus, e a sua assunção ao céu são corolários não só da sua maternidade divina, mas até da **santidade singular** daquele corpo virginal [...].

> Todos esses argumentos e razões dos Santos Padres e Teólogos apóiam-se, em último fundamento, na Sagrada Escritura. Esta nos apresenta **a Mãe de Deus extremamente unida ao seu Filho**, e sempre participante da sua sorte. [...]
>
> E convém sobretudo ter em vista que, já a partir do século II, os Santos Padres apresentam a virgem Maria como nova Eva, sujeita sim, mas intimamente unida ao novo Adão na luta contra o inimigo infernal. E essa luta, como já se indicava no Protoevangelho, acabaria com a **vitória completa sobre o pecado e sobre a morte**, que sempre se encontram unidas nos escritos do apóstolo das gentes [...]. Assim como a ressurreição gloriosa de Cristo constituiu parte essencial e último troféu desta vitória, assim também a vitória de Maria santíssima, comum com a do seu Filho, devia terminar pela **glorificação do seu corpo virginal**. [...]
>
> Deste modo, a augustíssima Mãe de Deus, associada a Jesus Cristo de modo insondável desde toda a eternidade "com um único decreto" de predestinação, imaculada na sua concepção, sempre virgem, na sua maternidade divina, generosa companheira do divino Redentor que obteve triunfo completo sobre o pecado e suas conseqüências, alcançou por fim, como suprema coroa dos seus privilégios, **que fosse preservada da corrupção do sepulcro**, e que, à semelhança do seu divino Filho, vencida a morte, fosse levada em corpo e alma ao céu, onde refulge como Rainha à direita do seu Filho, Rei imortal dos séculos [...].

Fonte: Pio XII, 1950, grifo nosso.

Atividade aplicada: prática

1. Faça a leitura e posterior fichamento dos parágrafos 496-507 do Catecismo da Igreja Católica (CIC) referentes ao dogma da virgindade de Maria para apropriação do conteúdo estudado no presente capítulo.

3 Uma reflexão mariológica sistemática e vivencial[1]

---
[1] Todas as passagens bíblicas indicadas neste capítulo são citações de Bíblia (2002).

Neste capítulo, apresentamos algumas reflexões sistemáticas acerca dos elementos teológicos pertinentes à participação de Maria no plano da salvação – em perspectiva cristológica (Maria e o Mistério de Cristo), pneumatológica (Maria e o Mistério do Espírito Santo) e eclesiológica (Maria e o Mistério da Igreja). Abordamos também a mediação de Maria e o ensinamento da Igreja sobre o culto à Maria.

Para além da explanação dos dogmas marianos, a mariologia compreende tais reflexões sistemáticas à medida que, com base no dado da fé, descobrimos os sentidos expressos pelos elementos bíblicos e da Tradição e que o Magistério autenticamente interpreta, possibilitando uma sistematização que diz algo não apenas para o nosso conhecimento teológico, mas também para a nossa vida cristã à luz da pessoa de Maria, Mãe de Deus.

3.1 Maria e o Mistério de Cristo

Os dois capítulos anteriores – com a exposição dos dogmas marianos – explicitam diversos aspectos relativos à participação de Maria no Mistério de Cristo. Em termos gerais, podemos afirmar que um estudo aprofundado dos dogmas em questão nos oferece uma densa e exaustiva apresentação da relação existente entre Maria e a obra salvífica de Cristo. Uma vez que não nos propomos a esse nível de aprofundamento na presente obra – optando por uma análise de natureza introdutória –, indicamos a seguir alguns pontos pertinentes ao título desta seção tomando por base a Carta Encíclica *Redemptoris Mater*, de João Paulo II. A primeira parte desse documento, publicado no ano de 1987, trata propriamente de "Maria no Mistério de Cristo" (RM, n. 7-24). Nesse sentido, para nossa exposição, valeremo-nos da mesma sequência adotada pelo pontífice polonês acrescida de alguns comentários elucidativos.

Maria é a "cheia de graça", nos afirma João Paulo II (RM, n. 7-11). A participação de Maria no Mistério de Cristo compreende-se a partir do desígnio salvífico da Trindade: o Pai, que deseja salvar a todos, envia o Filho, Jesus Cristo, para nos revelar o seu amor, inaugurar o Reino de Deus e nos redimir, na força do Espírito Santo. A salvação, portanto, é graça, é o próprio Deus que em Jesus assume a nossa natureza para nos fazer participantes da comunhão trinitária. A saudação do arcanjo Gabriel – "cheia de graça" (Lc 1,28) – exprime a participação de Maria no plano divino da salvação porque nela já se realizara a salvação pelos méritos de Cristo – Ela é a Imaculada Conceição – e porque nela seria concebido o Filho de Deus feito homem – pois Jesus mesmo é a graça do Pai por excelência. A cheia de graça é aquela que foi eleita e inserida no mistério da salvação desde o início e, por isso, é agraciada de modo especial e excepcional, de tal modo que Isabel a saúda como "a bendita entre as mulheres" (Lc 1,42).

Maria no Mistério de Cristo, então, remete-nos à centralidade do Mistério Trinitário em sua vida e na vida de todos nós, cristãos: Maria é a Filha do Pai, a Mãe do Filho e a Esposa do Espírito Santo, porque concebeu o Verbo por obra do mesmo Espírito. A Encarnação no seio da cheia de graça indica que ela não apenas vivia em santidade como também foi escolhida para colaborar ativamente na obra redentora de Cristo por meio de sua adesão livre, pela fé e pelo amor. A plenitude de graça que já a acompanhava antes da Encarnação passa a santificá-la e agraciá-la de maneira ainda mais sublime, porque dela nascerá o Salvador do gênero humano. Dito de outro modo: a cheia de graça é aquela que experimentou em plenitude a salvação. Assim afirma a Constituição Dogmática *Lumen Gentium*: Maria "ocupa um lugar de destaque entre os humildes e pobres do Senhor, que nele esperam com confiança e acolhem a salvação" (LG, n. 55).

De acordo com João Paulo II em *Redemptoris Mater*:

> A saudação e o nome "cheia de graça" dizem-nos tudo isto; mas, no contexto do anúncio do Anjo, referem-se em primeiro lugar **à eleição de Maria como Mãe do Filho de Deus**. Todavia, a plenitude de graça indica ao mesmo tempo toda a profusão de dons sobrenaturais com que Maria é beneficiada em relação com o fato de ter sido escolhida e destinada para ser Mãe de Cristo. Se esta

eleição é fundamental para a realização dos desígnios salvíficos de Deus, a respeito da humanidade, e se a escolha eterna em Cristo e a destinação para a dignidade de filhos adotivos se referem a todos os homens, então a eleição de Maria é absolutamente excepcional e única. Daqui deriva também a singularidade e unicidade do seu lugar no mistério de Cristo. (RM, n. 9, grifo do original)

Segue o pontífice:

Maria é a "cheia de graça", porque a Encarnação do Verbo, a união hipostática do Filho de Deus com a natureza humana, se realiza e se consuma precisamente nela. Como afirma o Concílio, Maria é "Mãe do Filho de Deus e, por isso, filha predileta do Pai e templo do Espírito Santo; e, por este insigne dom de graça, leva vantagem a todas as demais criaturas do céu e da terra". (RM, n. 9)

Maria é aquela de quem Isabel diz: "Feliz daquela que acreditou que teriam cumprimento as coisas que lhe foram ditas da parte do Senhor" (Lc 1,45). A expressão *acreditou* se reveste de um significado singular, porque a participação de Maria no plano salvífico de Deus, no Mistério de Cristo, dá-se porque ela, de fato, pela fé, acreditou. A plenitude da graça em Maria exprime a iniciativa de Deus, o dom que Ele mesmo concedeu à Virgem para que fosse santa e sem pecado, digna de ser a Mãe de Deus. Maria como a Mulher da fé – aquela que acreditou – é a Mulher que responde a esse dom a Ela concedido por Deus com a entrega da própria vida, *na* e *pela* fé.

Podemos afirmar que Maria é, nesse sentido, o modelo de uma vida orientada pela fé, da qual decorre uma entrega total e livre. Ao proferir as palavras que indicamos anteriormente, Isabel referiu-se ao fato mesmo da Anunciação, pois ao ouvir o que o Anjo dissera, Maria assentiu não porque isso lhe era uma obrigação ou uma imposição, mas sim porque, pela fé e pelo amor, reconheceu no projeto de Deus para si mesma o autêntico e pleno horizonte de sentido para sua vida. Maria, portanto, participa do Mistério de Cristo pela fé, que a leva a dizer o *fiat*, de modo que a sua maternidade divina tem origem nessa resposta de amor ao desígnio benevolente de Deus, que já lhe havia cumulado de graça desde a sua Imaculada Concepção.

> Na Anunciação, de fato, **Maria entregou-se a Deus** completamente, manifestando "a obediência da fé" Àquele que lhe falava, mediante o seu mensageiro, prestando-lhe o "obséquio pleno da inteligência e da vontade". Ela respondeu, pois, **com todo o seu "eu" humano e feminino**. Nesta resposta de fé estava contida uma cooperação perfeita com a "prévia e concomitante ajuda da graça divina" e uma disponibilidade perfeita à ação do Espírito Santo, o qual "aperfeiçoa continuamente a fé mediante os seus dons". (RM, n. 13, grifo do original)

O *fiat* de Maria, portanto, foi o que realizou o Mistério da Encarnação do Filho de Deus, porque ao dizer "faça-se" (Lc 1,38) Maria colocou-se inteiramente disponível e submissa à vontade de Deus, porque o *faça-se* estava subordinado ao "segundo tua palavra" (Lc 1,38). A Palavra, o Verbo, é Jesus, o enviado do Pai para a nossa salvação. O Verbo de Deus, assumindo a natureza humana no seio de Maria por obra do Espírito Santo, torna real e concreto o *faça-se*, pois, como ensinam os Santos Padres, Maria concebeu o Filho na mente, pela fé, antes de concebê-lo no seio.

Tanto essa realidade é profundamente marcada e orientada pela fé, que antes do *faça-se* Maria afirmou: "Eis a serva do Senhor" (Lc 1,38). Tinha ela consciência, pela ação da graça, de que o seu sim a Deus não era um privilégio ou um prêmio, mas uma total subordinação ao plano de Deus que implicaria a máxima atitude de serviço a Ele e à humanidade como a Mãe do Salvador. Temos aqui outro aspecto proeminente no que tange à relação entre Maria e o Mistério de Cristo: Maria traduziu em si – em sua própria vida e em sua própria carne –, no momento da Encarnação do Messias, as palavras que ele mesmo afirmou: "o Filho do Homem não veio para ser servido, mas para servir [...]" (Mc 10,45). A dignidade sublime de Maria não está, em primeiro lugar, em ser a Mãe do Messias-Rei, mas em ser a humilde serva do Senhor, a tal ponto que após o *fiat* o Anjo a deixou, sinal de que para aquele que serve não são necessárias muitas explicações, mas apenas a fé como resposta à palavra de Deus.

Não demorou muito para que, na sequência de sua trajetória, Maria escutasse da boca de Simeão as consequências de uma vida posta integralmente a serviço de Deus. Após o nascimento de Jesus, quando de sua apresentação no Templo, Simeão, movido pelo Espírito Santo, disse: "Agora, Soberano Senhor, podes despedir em paz o teu servo, segundo a tua palavra; porque meus olhos viram tua salvação, que preparaste em face de todos os povos, uma luz para iluminar as nações, e glória de teu povo, Israel" (Lc 2,29-32). A salvação é o próprio Jesus, que agora está nos braços de Simeão. Ou seja, nas palavras de Simeão – homem "justo e piedoso", no qual estava o Espírito (Lc 2,25) –, Maria reconheceu as mesmas palavras do Anjo: "ele reinará na casa de Jacó para sempre [...]" (Lc 1,33). Contudo, o reinado de Jesus implicaria sofrimento, elemento próprio de uma vida de serviço a Deus, pois nem todos aceitariam o Messias: "Eis que este menino foi posto para a queda e para o soerguimento de muitos em Israel, e como um sinal de contradição – e a ti, uma espada traspassará a tua alma! [...]" (Lc 2,34-35).

A contradição trazida por Jesus foi a que o levou à cruz, porque suas palavras e gestos revelaram os pensamentos íntimos de muitos corações (Lc 2,35). Há dor maior para uma mãe do que a contemplação da morte do filho? Maria, nos inícios da vida de Jesus, já visualizou em seu coração as consequências dolorosas do seu *fiat*, não obstante, pela fé, tivesse a certeza de que o plano salvífico de Deus teria a última palavra. Atesta-nos isso o Evangelho de Lucas: "Sua mãe, porém, conservava a lembrança de todos esses fatos em seu coração" (Lc 2,51).

> Com razão, portanto, podemos encontrar na expressão "feliz daquela que acreditou" **como que uma chave** que nos abre o acesso à realidade íntima de Maria: daquela que foi saudada pelo Anjo como "cheia da graça". Se como "cheia de graça" ela esteve eternamente presente no mistério de Cristo, agora, mediante a fé, torna-se dele participante em toda a extensão do seu itinerário terreno: "avançou na peregrinação da fé" e, ao mesmo tempo, de maneira discreta, mas direta e eficazmente, tornava presente aos homens **o mesmo mistério de Cristo**. E ainda continua a fazê-lo. E mediante o mistério de Cristo, também ela está presente entre os homens. Deste modo, através do mistério do Filho, esclarece-se também o mistério da Mãe. (RM, n. 19, grifo do original)

Maria é a Mãe aos pés da cruz (Jo 19,25-27). Essa passagem do Evangelho de João confirma a maternidade de Maria na economia da salvação quando de seu momento culminante, no Mistério Pascal de Cristo.

> Perto da cruz de Jesus, permaneciam de pé sua mãe, a irmã de sua mãe, Maria, mulher de Clopas, e Maria Madalena. Jesus, então, vendo sua mãe e, perto dela, o discípulo a quem amava, disse à sua mãe: "Mulher, eis teu filho!" Depois disse ao discípulo: "Eis tua mãe!" E a partir dessa hora, o discípulo a recebeu em sua casa. (Jo 19,25-27)

A maternidade divina de Maria, aos pés da Cruz e pelas palavras de Jesus, adquire um sentido novo. A Mãe do Filho de Deus é agora a Mãe da humanidade, simbolizada pela pessoa do Discípulo Amado. Na Cruz, no ápice do sofrimento de Maria, decorrente de sua entrega total e livre, Jesus entrega aos homens a sua Mãe como Mãe. Essa nova maternidade de Maria "**emerge** da maturação definitiva do **mistério pascal do Redentor**" (RM, n. 23, grifo do original).

> A Mãe de Cristo, encontrando-se na irradiação direta deste mistério que abrange o homem – todos e cada um dos homens – é dada ao homem – a todos e cada um dos homens – como mãe. Este homem

aos pés da cruz é João, "o discípulo que ele amava". Porém não é ele como um só homem. A Tradição e o Concílio não hesitam em chamar a Maria **"Mãe de Cristo e Mãe dos homens"**: ela está, efetivamente, associada na descendência de Adão com todos os homens..., mais ainda, é verdadeiramente mãe dos membros (de Cristo)..., porque cooperou com o seu amor para o nascimento dos fiéis na Igreja. (RM, n. 24, grifo do original)

Se a maternidade divina de Maria se deu pela fé, na Anunciação, a maternidade de Maria como Mãe dos homens se deu igualmente pela fé, fruto do amor de Deus em seu Filho morto na cruz. Ora, do sofrimento, da espada que traspassou a alma de Maria, Deus gerou uma Mãe para a Igreja, esta nascida do Mistério Pascal de Cristo, que morreu e depois ressuscitou para a nossa salvação. Segundo aponta João Paulo II, temos aqui o cumprimento da promessa contida no *Protoevangelho*: a "descendência da mulher esmagará a cabeça da serpente" (Gn 3,15) (RM, n. 24). Jesus, morrendo na cruz, venceu o mal e o pecado. A mulher junto à cruz – Maria – remete-nos à mulher do *Protoevangelho*: "Mulher, eis teu filho" (Jo 19,26). "Como duvidar de que, especialmente agora, no alto do Gólgota, esta frase atinja em profundidade no mistério de Maria, pondo em realce o **'lugar' singular que ela tem em toda a economia da salvação?**" (RM, n. 24, grifo do original).

3.2 Maria e o Mistério do Espírito Santo

Na trajetória de Maria identificamos algumas experiências do Espírito, entre as quais focalizamos duas para nossa análise: a Encarnação e o Pentecostes. No Mistério da Encarnação, Maria foi coberta pela sombra do Espírito, que por seu poder, em seu seio, concebeu o Filho de Deus. "O Espírito Santo descerá sobre ti, e o poder do Altíssimo te cobrirá com a sua sombra. Por isso, aquele que vai nascer será chamado santo, Filho de Deus" (Lc 1,35). Porém, a ação do Espírito Santo em Maria não foi meramente funcional. O dom do Espírito, que vivifica e santifica, permaneceu em Maria como fonte de sua maternidade divina e acolhida de sua vocação, uma vez que foi a sua atitude de fé que a tornou Mãe de Deus. Foi o Espírito que fez permanecer acesa e crepitante a chama da fé em Maria.

Na perspectiva do Novo Testamento (NT), Jesus e o Espírito Santo revelam-se na medida em que a relação entre eles se apresenta como essencial. Onde está o Filho está o Espírito, e vice-versa. Em Maria, dá-se essa realidade, pois se o Filho foi concebido por obra do Espírito Santo, o Espírito, dom do Filho, fez em Maria morada permanente. Pela força do Espírito, portanto, Maria disse o *fiat* não apenas uma vez, mas perpetuamente. Nesse sentido, a que é cheia de graça é cheia do Espírito Santo. Pelo Espírito, Maria cantou o *Magnificat*, e seu espírito, no Espírito, continuamente exultou em Deus, seu Salvador. A ação do Espírito na Encarnação não se reduziu à concepção do Filho de Deus, sendo, pois, uma experiência perene da santidade e da vivacidade do Espírito que Maria experimentou ao longo de sua existência. Dito de outro modo: o Espírito agiu em Maria não somente na Encarnação, mas também lhe conferiu a força do alto para acolher o mistério divino e, fazendo-se serva, peregrinar como discípula do Senhor e Mãe da comunidade dos discípulos de Jesus [2].

---

2 No fato da Visitação, Maria, cheia do Espírito e feita morada de Cristo encarnado, comunica com sua simples presença e saudação o Espírito Santo a Isabel que dele ficou cheia, ela e João em seu ventre, quando da chegada de Maria. Estando João desde o ventre cheio do Espírito Santo, comunica-o a seu pai Zacarias oito dias após nascer, e este se coloca a profetizar tal como Maria o fizera (Lc 1,67-79). O ato de Maria em testemunhar é igualmente uma evidência da efusão do Espírito Santo, novamente uma figura do que aconteceria em Pentecostes conforme a promessa do próprio Ressuscitado: "mas descerá sobre vós o Espírito Santo e vos dará força, e sereis minhas testemunhas" (At 1,8a). Constata-se que em Maria Deus encontra pela primeira vez a sua morada, e nela começam a se manifestar as maravilhas de Deus (At 2,11) que o Espírito vai realizar em Cristo e na Igreja.

> O Espírito pairava sobre Maria, sobre sua carne. Quando por ocasião de sua adesão à proposta feita pelo anjo de Deus, o Espírito chamou à encarnação humana aquele que existe desde toda eternidade. Pairando sobre o **caos** da humanidade pecadora o Espírito organiza toda graça no **cosmos** que é Cristo, e não o faz em outro lugar a não ser em Maria. A obra-prima do Espírito Santo não foram os astros, a luz, os animais; mas sua obra mais bela foi aquela que realizou com Maria. Se na primeira Criação Deus **disse: faça-se a luz! E a luz se fez** (Gn 1,3), na nova Criação **Maria disse: Faça-se em mim** (Lc 1,38), **e o Verbo se fez carne** (Jo 1,14) habitando entre nós. (Pinheiro, 2010, p. 124, grifo do original)

O gesto divino sobre Maria foi o mesmo gesto inicial da Criação. É o Espírito Santo quem executa a ordem de Deus como anunciou o Anjo: "O Espírito Santo descerá sobre ti, e a força do Altíssimo te envolverá com sua sombra" (Lc 1,35). "É com esta vinda do Espírito sobre Maria em vista da Encarnação que se inaugura um novo tempo para a humanidade. Espírito Santo e Maria são os iniciadores da obra da salvação de Cristo para o mundo" (Pinheiro, 2010, p. 124).

No Pentecostes, Maria experiencia a ação coletiva do Espírito Santo na manifestação pública da Igreja:

> [...] a caminhada de fé de Maria, que vemos a orar no Cenáculo, é "mais longa" do que a dos outros que aí se encontravam reunidos: Maria "precede-os", "vai adiante" deles. O **momento do Pentecostes** em Jerusalém foi preparado pelo **momento da Anunciação** em Nazaré. No Cenáculo, o "itinerário" de Maria encontra-se com a caminhada da fé da Igreja. (RM, n. 26, grifo do original)

A presença de Maria no Cenáculo com os apóstolos no dia de Pentecostes serve como testamento de que o que ali estava para acontecer com os discípulos não era distinto do que já havia ocorrido com Maria. Esse fato nos é testemunhado desde remotos tempos da Tradição, uma vez que a iconografia sempre representa em diversas pinturas a efusão do Espírito em Pentecostes com Maria posicionada ao centro, apresentada como modelo de discípula plena do Espírito Santo.

Acontece ali a revelação da Trindade que a partir de então é conhecida como tal pela Igreja. A Trindade, que se revela à Igreja assim o faz como fizera a Maria, em quem o Pai fez maravilhas, em quem o Espírito fez nascer o Filho. "A presença de Maria no Cenáculo serve para indicar que as primícias do Espírito por ela recebidas são agora a herança de toda a Igreja" (Pinheiro, 2010, p. 128). É nessa qualidade que ela está presente com os Doze na aurora dos últimos tempos que o Espírito inaugura em Pentecostes com a manifestação da Igreja.

> A relação entre Maria e o Espírito é elemento fundante de toda a fé cristã e protótipo da missão da Igreja para o mundo. O papel de Maria para a humanidade é o papel da Igreja, verdade que compromete intrinsecamente a figura de Maria com a eclesiologia, isto é, com a compreensão que se tem da Igreja. Tudo o que o Espírito nela realizou é o que pretende realizar na Igreja. Foi em Maria que o Espírito manifestou o Cristo para o Mundo, verdade que anela Maria à cristologia. Aliás, toda a mariologia encontra sua razão de ser na cristologia (em Jesus Cristo) e na pneumatologia (na compreensão sobre o Espírito Santo), uma vez que são estas pessoas da Trindade (Filho e Espírito) que "tocam" Maria de forma muito singular, e através delas o próprio Pai. (Pinheiro, 2010, p. 125)

Nesse sentido, temos as palavras do Papa Francisco (Exortação Apostólica *Evangelii Gaudium*):

> Juntamente com o Espírito Santo, sempre está Maria no meio do povo. Ela reunia os discípulos para O invocarem (At 1,14), e assim tornou possível a explosão missionária que se deu no Pentecostes. Ela é a Mãe da Igreja evangelizadora e, sem Ela, não podemos compreender cabalmente o espírito da nova evangelização. (EG, n. 284)

A relação entre Maria e o Espírito, portanto, diz da intervenção santificadora do Espírito na Virgem de Nazaré em toda a sua trajetória como participante ativa no plano da salvação.

3.3 Maria e o Mistério da Igreja

A Constituição Dogmática *Lumen Gentium*, do Concílio Vaticano II, intitulou assim seu capítulo VIII: "A Bem-Aventurada Virgem Maria Mãe de Deus no Mistério de Cristo e da Igreja" (LG, n. 52-69). A fim de explicitarmos a relação entre Maria e o Mistério da Igreja, citamos alguns trechos selecionados desse documento conciliar com vistas a uma compreensão que, em nossos tempos, é decisiva para a mariologia sistemática.

Durante o Concílio, Paulo VI afirmou que Maria é Mãe da Igreja, "isto é, Mãe de todo o povo cristão, tanto dos fiéis como dos Pastores" (Concílio Vaticano II, 2007, p. 86). No *Credo do Povo de Deus*, o mesmo Paulo VI repetiu essa afirmação: "Cremos que a Santíssima Mãe de Deus, nova Eva, Mãe da Igreja, continua no céu a desempenhar seu ofício materno, em relação aos membros de Cristo, cooperando para gerar e desenvolver a vida divina em cada uma das almas dos homens que foram remidos" (Paulo VI, 1968).

Para o Concílio, a verdade sobre a Virgem Maria nos possibilita aprofundar a verdade sobre a Igreja. O mesmo Papa Paulo VI, ao tomar a palavra a propósito da *Lumen Gentium*, que acabava de ser aprovada pelo Concílio, disse: "[...] o conhecimento da Virgem Maria foi sempre um precioso subsídio para entender o mistério de Cristo e da Igreja" (Concílio Vaticano II, 2007, p. 85).

O momento da Encarnação do Verbo e o momento do nascimento da Igreja em Pentecostes correspondem-se na pessoa de Maria. A Maria de Nazaré e a Maria do Cenáculo experimentam o nascimento do (desde o) Espírito: em Nazaré, o Filho gerado por obra do Espírito Santo; em Jerusalém, a Igreja instituída pela efusão do mesmo

Espírito. Maria participa do Mistério de Cristo em sua Encarnação e participa do Mistério da Igreja em seu nascimento. Conforme destaca a *Lumen Gentium*: "Nossa Senhora, pela graça e pela função maternal, está intimamente unida ao Filho, redentor. Ela se une, pois, intimamente também à Igreja, em suas graças e funções especiais. A mãe de Deus é figura da Igreja pela fé, pelo amor e pela perfeita união a Cristo [...]" (LG, n. 63).

Atestam-nos igualmente as palavras de Jesus na cruz – "Mulher, eis teu filho" (Jo 19,26) – que a maternidade de Maria prolonga-se e adquire um novo sentido como maternidade eclesial, pois em João encontra-se representada toda a Igreja. O papel de Maria em relação à Igreja, portanto, é inseparável da sua união com Cristo e decorre dela diretamente.

> "Esta associação de Maria com o Filho na obra da salvação, manifesta-se desde a concepção virginal de Cristo até à sua morte". Mas é particularmente manifesta na hora da sua paixão: "A Bem-aventurada Virgem avançou na peregrinação de fé, e manteve fielmente a sua união como Filho até à Cruz, junto da qual esteve de pé, não sem um desígnio divino; padeceu acerbamente com o seu Filho único e associou-se com coração de mãe ao seu sacrifício, consentindo amorosamente na imolação da vítima que d'Ela nascera; e, por fim, foi dada por mãe ao discípulo pelo próprio Jesus Cristo, agonizante na Cruz, com estas palavras: 'Mulher, eis aí o teu filho'" (Jo 19,26-27). (CIC, n. 964)

Por sua fé e seu amor, Maria tornou-se Mãe do Salvador, aderindo à vontade do Pai e sendo dócil à moção do Espírito Santo. Assim, Maria é para a Igreja modelo de fé e amor, porque toda a Igreja, como sacramento da salvação e povo reunido em nome do Deus Uno e Trino, é chamada a responder à sua vocação fundamental, a saber, levar todos os homens e mulheres à comunhão com Deus, tal como Maria experimentou tendo gerado Cristo por obra do Espírito Santo. Pode haver comunhão mais profunda e intensa do que possuir em seu ventre o próprio Filho de Deus? "Por isso, ela [Maria] é 'membro eminente e inteiramente singular da Igreja' e constitui mesmo 'a realização exemplar', o *typus*, da Igreja" (CIC, n. 967, grifo nosso).

Mas o seu papel em relação à Igreja e à humanidade supera a sua exemplaridade. Maria, cooperando com a obra de salvação realizada por Jesus, é nossa Mãe na ordem da graça. A graça é Cristo e Maria sempre aponta para a graça, que experimentou em plenitude. Assim, Maria é Mãe da Igreja na ordem da graça não porque dela provém a graça, mas porque em sua vida reconhecemos a graça de Cristo, para quem Ela continuamente nos encaminha.

Maria, acolhendo o Verbo de Deus, torna-se Mãe, e isso até às últimas consequências. Recebendo a Palavra de Deus, a Igreja se torna mãe, mãe de todos quantos, pelo batismo e pela graça de uma vida nova, tornam-se discípulos de Jesus. Paulo expressou de maneira assertiva essa realidade: "Meus filhinhos, por quem sofro novamente as dores de parto, até que Cristo não se tenha formado em vós" (Gl 4,19). A Igreja nascente tinha consciência de sua maternidade para com os filhos de Deus. Essa mesma consciência, vivenciada a partir do exemplo de Maria, permite à Igreja peregrinar sobre a terra anunciando e testemunhando o Evangelho a todos os povos em meio às alegrias e esperanças, tristezas e angústias dos homens e mulheres de hoje, conforme indica a Constituição Pastoral *Gaudium et Spes* (GS, n. 1).

Maria é, por fim, ícone escatológico da Igreja: "Assim como, glorificada já em corpo e alma, a Mãe de Jesus é imagem e início da igreja que se há-de consumar no século futuro, assim também, brilha na terra como sinal de esperança segura e de consolação, para o povo de Deus ainda peregrino" (CIC, n. 972).

3.4 A mediação de Maria

O ensinamento eclesial acerca da mediação de Maria refere-se à sua especial participação no plano divino da salvação. Há um só Mediador e Redentor do gênero humano: Jesus Cristo. Contudo, a obra redentora de Jesus teve a colaboração da Virgem Maria que fica evidente na analogia do Novo Adão e da Nova Eva, em que Jesus é esse Novo Adão, e Maria, sua Mãe, a Nova Eva. Se do primeiro homem, Adão, Deus fez a primeira mulher, Eva; de Maria, a Nova Eva, a Virgem Imaculada, Deus fez nascer o Senhor Jesus, o Novo Adão. A Virgem participa de modo especial da obra salvífica de Cristo, desde a Anunciação – como Mãe de Deus – até à cruz – como Mãe dos homens.

Nesse sentido, em alguns contextos eclesiais, Maria passou a ser denominada *medianeira* e *corredentora*. Tais expressões, como referências a Jesus – o único Mediador e Redentor – devem ser adequadamente compreendidas, sempre em seu sentido cristocêntrico, pois podem sugerir e mesmo levar a considerações equivocadas, como se Maria fosse medianeira ao lado de Jesus ou intermediária entre os homens e Deus ou ainda que dispusesse de alguma maneira a graça da redenção.

No que tange à mediação de Maria compreendida no sentido inicial que apresentamos, temos alguns episódios bíblicos relativos às santas mulheres que são imagem da mediação de Maria. No NT, as ações de Maria são acompanhadas da graça divina: na visitação (Lc 1,39), quando Isabel fica cheia do Espírito e João Batista exulta em seu ventre; nas bodas de Caná (Jo 2,1), quando Jesus realiza o seu primeiro milagre pela mediação e intercessão de Maria; e no Pentecostes (At 1,14), quando Maria estava junto à comunidade dos discípulos em oração aguardando o cumprimento da promessa do envio do Paráclito. Na Constituição Dogmática *Lumen Gentium* temos que:

A maternidade de Maria se estende a toda a economia da graça, desde o consentimento que fielmente deu na anunciação e que manteve firme na cruz, até a definitiva e eterna coroação de todos os eleitos. Tendo subido aos céus, não abandonou esse papel, mas continua a interceder pela obtenção de nossa eterna salvação. Cuida com amor materno dos irmãos e irmãs de seu Filho, que ainda caminham entre os perigos e as dificuldades desta terra, até que alcancem a felicidade da pátria. Por isso a Igreja invoca Nossa Senhora como advogada, auxiliadora, perpétuo socorro e mediadora. O que se deve entender sem que nada seja derrogado nem acrescentado à dignidade e à eficácia da atuação de Cristo. Nenhuma criatura poderá jamais ser comparada ao Verbo encarnado, Redentor. Mas assim como o sacerdócio de Cristo é participado de vários modos pelos ministros e pelos fiéis como a bondade de Deus se irradia diferentemente por todas as criaturas, também a mediação única do Redentor, longe de excluir, desperta nas criaturas participações várias de sua única fonte. A Igreja não hesita em proclamar, nessa perspectiva, o papel subordinado de Maria. Como sempre o experimentou, recomenda-o cordialmente aos fiéis, para que, sustentados por tal apoio materno, unam-se mais intimamente ao Mediador e Salvador. (LG, n. 62)

O episódio bíblico das bodas de Caná lança luz sobre o tema da mediação de Maria. Ali parece desvelar-se, ainda que de maneira incipiente, o sentido novo da maternidade de Maria: Ela é a Mãe de Deus, segundo a carne, e Mãe dos homens, segundo o espírito, justamente o que elucida sua qualidade de mediadora. O "eles não têm mais vinho" (Jo 2,3) é símbolo da humanidade necessitada e carente da graça de Deus. Maria, ao preocupar-se e ocupar-se dessa situação, intercede ao Filho. Ora, o horizonte de sentido que aqui reside faz referência à mediação de Maria, que aponta e conduz os homens ao plano salvífico e amoroso de Deus. A Salvação – Jesus – que ela carregou em seu ventre e experimentou em sua própria vida é a Salvação para a qual leva todos os homens e mulheres. Maria, portanto, não deseja o primeiro lugar, pois sabe que o centro é Cristo, o seu Filho. Assim, a mediação de Maria é de orientação cristológica, porque Ela medeia, como Mãe, para Cristo e não para si mesma. A transformação da água em vinho – a graça – é a graça de Cristo, e não de Maria. Quem sacia as necessidades e cura as feridas humanas é Cristo. A mediação de Maria é, portanto, intercessão pelos homens. A esse respeito, a *Lumen Gentium* aponta:

> O papel maternal de Maria não faz nenhuma sombra, nem diminui em nada esta mediação única de Jesus. A atuação salutar de Nossa Senhora junto aos seres humanos não provém de uma necessidade objetiva qualquer, mas do puro beneplácito divino, fluindo da superabundância dos méritos de Cristo. Funda-se pois na mediação de Cristo, de que depende completamente e da qual tira toda a sua força. Não coloca nenhum obstáculo à união imediata dos fiéis com Cristo, mas até a favorece. (LG, n. 60)

Segundo Clodovis Boff (2010, p. 57), há atualmente um movimento em favor da declaração da mediação de Maria como o quinto dogma mariano: Maria corredentora ou medianeira de todas as graças. Especialmente forte nos Estados unidos, o movimento, animado pelo teólogo leigo Mark Miravalle, professor na Universidade Franciscana de Steubenville (Ohio), possui um nome (*Vox Populi Maria e Mediatricis*), uma editora (*Queenship*) e *site* próprios.

Boff (2010, p. 57-59) apresenta ainda dois significativos posicionamentos acerca da mediação de Maria emanados de duas importantes instâncias mariológicas da contemporaneidade:

1. **Comissão do Congresso de Czestochowa**: Uma comissão de 22 teólogos foi formada durante o mencionado congresso, realizado entre 12 e 24 de agosto de 1996. Houve unanimidade quanto ao caráter inoportuno de uma possível declaração do dogma da mediação de Maria, e isso por duas razões: 1) a ambiguidade dos títulos *medianeira* e *corredentora*, raramente utilizados pelo Magistério em seus documentos mais importantes; e 2) a necessidade de maior

aprofundamento teológico a fim de não comprometer a percepção da centralidade da mediação de Cristo.
2. **Pontifícia Academia Mariana Internacional (Pami)**: Em meados de 1996, essa instituição se manifestou contrária à declaração do quinto dogma mariano. Nesse sentido, propôs que devemos nos ater ao ensinamento do Concílio Vaticano II.

> A PAMI sugere que se aprofunde a problemática da mediação mariana no quadro teológico proposto pelo Concílio, isto é, na perspectiva da maternidade espiritual de Maria, pois foi a título de Mãe do Redentor que ela cooperou com ele na obra da salvação (LG 53,56,61 e 63) e é a título de Mãe dos Cristãos que ela continua essa cooperação mediante sua intercessão ininterrupta (LG 62). Essa também é a perspectiva adotada por João Paulo II na *Redemptoris Mater* (n. 44-47). (Boff, 2010, p. 58)

Nessa perspectiva, vejamos os principais pontos relativos ao ensinamento conciliar sobre a mediação de Maria, que constam nos números 60, 61 e 62 do capítulo VIII da *Lumen Gentium*. Trata-se de uma "mediação participada", tal como afirma o Cardeal Newman, citado por Boff (2010, p. 59). Para o Concílio, ela flui, ostenta a potência e depende inteiramente da mediação de Cristo. Também é cristocêntrica, o que certamente dirime possíveis dúvidas ou questões quanto ao sentido do conceito. Além disso, tem suas raízes em sua participação na obra salvífica de Cristo e se prolonga por sua intercessão, ou seja: intercedendo pelos homens, Maria medeia a graça no sentido de que é a Mãe solícita, que cuida dos seus filhos. "Em resumo: a mediação de Maria, por um lado, se baseia em sua **maternidade** e, por outro, se exprime na forma da intercessão" (Boff, 2010, p. 60, grifo do original). Maria, portanto, nos termos da sua mediação, não se encontra entre nós e Cristo. A sua mediação não é uma intermediação, supostamente por meio da qual para chegarmos a Cristo devemos passar por ela.

A mediação materna de Maria, ao contrário, é o favorecimento da nossa união imediata com Cristo; ela nos leva rapidamente a Ele.

A ideia da mediação de Maria é bíblica. Toda a vida da SS. Virgem foi mediação para Deus. Por Ela Deus entrou no mundo, como se vê bem na Anunciação. Por Ela Cristo inaugurou sua vida pública em Caná e continua até hoje a revelar sua glória, sobretudo aos pequeninos, despertando assim a fé em sua pessoa divina. Que essa convicção religiosa, tão sentida pelo povo de Deus, seja ou não declarada dogma não é questão de verdade, mas apenas de oportunidade. (Boff, 2010, p. 62)

3.5 O culto à Maria

O Beato Paulo VI, na Exortação Apostólica *Marialis Cultus*, apresentou os elementos pertinentes ao culto à Bem-Aventurada Virgem Maria. No âmbito litúrgico, mais especificamente no que tange ao calendário litúrgico, valoriza-se sobremaneira a recordação de Maria em alguns tempos e por meio de algumas celebrações específicas, como:

a. **Tempo do Advento**: Nos dias que antecedem o Natal do Senhor, nos quais a Igreja contempla as palavras proféticas acerca da Virgem Maria e do Messias, além dos fatos relativos ao iminente nascimento de Cristo e de João Batista. "Desta maneira, os fiéis que procuram viver com a Liturgia o espírito do Advento, ao considerarem o amor inefável com que a Virgem Mãe esperou o Filho, serão levados a tomá-la como modelo e a prepararem-se, também eles, para irem ao encontro do Salvador que vem" (MC, n. 4). Verificamos aqui que o culto da Virgem Maria tem por ponto de referência o evento Cristo, mais propriamente a sua encarnação.

b. **Tempo do Natal**: No qual recordamos a maternidade divina de Maria. No Natal do Senhor e na sua epifania, em adoração a Ele, veneramos Maria, a Mãe de Deus. A festa da Sagrada Família – celebrada na oitava do Natal – recorda-nos a vida de santidade da Família de Nazaré. Ademais, no dia 1º de janeiro, celebra-se a solenidade de Santa Maria Mãe de Deus, na qual exaltamos a dignidade singular de Maria no plano da salvação.

c. **Imaculada Conceição:** Solenidade celebrada no dia 8 de dezembro, na qual consideramos a "preparação radical (cf. Is 11,1.10) para a vinda do Salvador e para o feliz exórdio da Igreja sem mancha e sem ruga" (MC, n. 3).

d. **Anunciação do Senhor:** Solenidade do dia 25 de março, na qual celebramos o momento culminante do diálogo de salvação entre Deus e o homem e a adesão livre e total de Maria ao plano da Redenção, aceitando ser a Mãe do Filho de Deus concebido pelo poder do Espírito Santo.

e. **Assunção de Maria:** Solenidade do dia 15 de agosto, "festa do seu destino de plenitude e de bem-aventurança, da glorificação da sua alma imaculada e do seu corpo virginal, da sua perfeita configuração com Cristo Ressuscitado" (MC, n. 6)[3].

f. **Celebrações que comemoram eventos nos quais Maria esteve intimamente ligada ao seu Filho:** Natividade de Maria (8 de setembro); Visitação de Maria (31 de maio); Nossa Senhora das Dores (15 de setembro); e Apresentação do Senhor (2 de fevereiro).

g. **Memórias ou festas litúrgicas (de âmbito mais vasto):** Nossa Senhora de Lourdes (11 de fevereiro); e Dedicação da Basílica de Santa Maria Maior (5 de agosto).

h. **Memórias litúrgicas celebradas por famílias religiosas, mas que hoje tornaram-se eclesiais:** Nossa Senhora do Carmo (16 de julho); e Nossa Senhora do Rosário (7 de outubro).

---

3 As quatro solenidades apresentadas – Santa Maria, Mãe de Deus; Imaculada Conceição; Anunciação; e Assunção – explicitam, com o máximo grau da Liturgia, os quatro dogmas marianos, as principais verdades referentes à Maria.

Há ainda outras celebrações que, "por detrás do que têm de apócrifo, propõem conteúdos de elevado valor exemplar e continuam veneráveis tradições [...]" (MC, n. 8), tal como a Celebração do Imaculado Coração de Maria, no sábado após o segundo Domingo de Pentecostes. Podemos citar também festas marianas situadas em contextos locais, não registradas de maneira oficial no calendário litúrgico.

> Se no Missal, no Lecionário e na Liturgia das Horas, que são os eixos da oração litúrgica romana, a memória da Virgem Maria se repete com ritmo frequente, também nos demais livros litúrgicos reformados não faltam as expressões de amor e de suplicante veneração para com a "Theotocos" (= Mãe de Deus). Deste modo, pode ver-se que a Igreja a invoca, Mãe da graça, antes de imergir os candidatos nas águas salutares do Batismo, implora a sua intercessão para aquelas mães que, reconhecidas pelo dom da maternidade, se apresentam com alegria no templo; aponta-a como exemplo aos seus membros que abraçam a sequela de Cristo na vida religiosa ou recebem a consagração virginal, e para eles invoca o seu auxílio maternal; a ela dirige instante súplica em favor dos filhos que chegaram à hora do passamento; dela solicita a intervenção em prol daqueles que fechados os olhos para a luz temporal, compareceram perante Cristo, Luz eterna, e, enfim, suplica, pela sua intercessão, conforto para aqueles que, mergulhados na dor, choram, com fé, a partida dos próprios entes queridos. (MC, n. 14)

A Liturgia, como expressão excelente do culto da Igreja à Virgem Maria, funda-se na tradição viva que, ao longo dos séculos, venerou a Mãe de Deus em acordo com a dignidade que lhe é referente. Esse movimento esteve – e está – sempre condicionado à verdade dos princípios e à nobreza das formas.

No que tange ao exercício do culto e à piedade mariana, estes encontram-se orientados pelos princípios teológicos que lhes são subjacentes. A Igreja, atenta a tais princípios, apresenta-os ao Povo de

Deus como caminho autêntico e salutar para o culto à Virgem Maria Mãe de Deus, porque:

> O culto cristão, de fato, é por sua natureza culto ao Pai, ao Filho e ao Espírito Santo, ou, conforme se expressa a Liturgia, ao Pai por Cristo no Espírito. Nesta perspectiva, torna-se ele extensivo, legitimamente, se bem que de maneira substancialmente diversa, em primeiro lugar e de modo singular, à Mãe do Senhor, e depois aos Santos, nos quais a Igreja proclama o Mistério Pascal [...]. (MC, n. 25)

A Virgem Maria, em tudo, refere-se a Cristo e dele depende. A exemplaridade de Maria, portanto, concebe-se à luz da exemplaridade de Cristo para a Igreja e para a vida dos cristãos:

- Maria é a Mulher santificada pelo Espírito Santo, Aquele de quem a ação animou o coração e a vida da Virgem de Nazaré pela fé, esperança e caridade. No Espírito Santo, Maria, pela fé, diz o seu *fiat*, sofre as dores da Morte de Jesus e vivencia a experiência da Igreja nascente em Pentecostes como Mãe da comunidade dos discípulos.
- Maria é exemplo de atitude espiritual para a celebração e vivência dos divinos mistérios, porque é modelo excelente da Igreja pela fé, pela caridade e pela união com Cristo (MC, n. 16).
- Maria escuta e acolhe a Palavra de Deus pela fé (MC, n. 17), tal como na Anunciação.
- Maria é a Mulher da oração (MC, n. 18), cantando o *Magnificat* e intercedendo nas Bodas de Caná (MC, n. 18).
- Maria é a Mãe, modelo da Igreja, que, pela pregação e pelo batismo, gera vida nova nos filhos de Deus (MC, n. 19).
- Maria é a Virgem oferente, quando da apresentação de Jesus no templo e na cruz, quando da morte do Filho de Deus (MC, n. 20).

O culto à Maria deve estar permeado pelos grandes temas da mensagem cristã expressos na Sagrada Escritura, fazendo uma constante referência à Palavra de Deus (MC, n. 30).

Os exercícios de piedade mariana são distintos da Liturgia, de modo que as orientações litúrgicas e pastorais emanadas do ensinamento do Magistério devem buscar uma harmonia entre tais exercícios e a ação litúrgica da Igreja, a fim de não presenciarmos justaposições equivocadas.

> Uma ação pastoral esclarecida, pois, deve, por um lado, saber distinguir e acentuar a natureza própria dos atos litúrgicos; e por outro lado, saber valorizar os piedosos exercícios, para os adaptar às necessidades de cada uma das comunidades eclesiais e torná-los preciosos auxiliares da mesma Liturgia. (MC, n. 31)

O culto à Maria refere-se também aos esforços ecumênicos da Igreja, ao anseio pela unidade dos cristãos, que se trata certamente de um desafio pelas relativas incongruências teológicas e dogmáticas, mas que se apresenta, por outro lado, como espaço de diálogo, partilha de vida e celebração conjuntas.

> Estamos conscientes de que existem não leves discordâncias entre o pensamento de muitos irmãos de outras Igrejas e comunidades eclesiais, e a doutrina católica "acerca [...] da função de Maria na obra da Salvação" (UR 20); e, por consequência, acerca do culto a prestar-lhe. Todavia, porque a mesma potência do Altíssimo que cobriu com a sua sombra a Virgem de Nazaré (cf. Lc 1,35) age também no hodierno Movimento ecumênico e o fecunda, desejamos exprimir a nossa confiança em que a veneração da humilde Serva do Senhor, na qual o Onipotente fez grandes coisas (cf. Lc 1,49), se há de tornar, se bem que lentamente, não já um obstáculo, mas sim um trâmite e ponto de encontro para a união de todos os crentes em Cristo. (MC, n. 33)

O valor teológico do culto à Virgem Maria tem seu ponto de apoio na Revelação[4], a partir da qual formularam-se os dogmas marianos, que não apontam em sentido estrito para a centralidade de Maria, senão para o Deus Uno e Trino que nela realizou grandes coisas, fazendo-a Mãe de Deus e Mãe dos homens, modelo de vida para os discípulos de Jesus. O culto à Maria não atribui à Virgem o lugar central no plano da salvação, pois de modo sublime nos recorda que Deus nos chama a uma resposta de fé e de amor que envolva toda a vida como oferta para que todos possam conhecer e amar Jesus Cristo, no Espírito Santo, e assim terem acesso ao Pai. Maria é a pessoa humana que em si atualizou essa resposta de maneira plena e fecunda. O culto à Maria, portanto, conforme apresentado nos termos anteriormente citados, tem um propósito eclesial muito claro:

> Antes de mais nada, a Virgem Maria foi sempre proposta pela Igreja à imitação dos fiéis, não exatamente pelo tipo de vida que ela levou ou, menos ainda, por causa do ambiente sócio-cultural em que se desenrolou a sua existência, hoje superado quase por toda a parte; mas sim, porque, nas condições concretas da sua vida, ela aderiu total e responsavelmente à vontade de Deus (cf. Lc 1,38); porque soube acolher a sua palavra e pô-la em prática; porque

---

[4] "No decurso dos séculos houve revelações denominadas 'privadas', e algumas delas têm sido reconhecidas pela autoridade da Igreja. Elas não pertencem, contudo, ao depósito da fé. A função delas não é 'melhorar' ou 'completar' a Revelação definitiva de Cristo, mas ajudar a viver dela com mais plenitude em uma determinada época da história. Guiado pelo Magistério da Igreja, o senso dos fiéis sabe discernir e acolher o que nessas revelações constitui um apelo autêntico de Cristo ou dos seus santos à Igreja" (CIC, n. 67). Encontramos na história da Igreja inúmeros fatos e testemunhos relativos a aparições e revelações particulares pertinentes à Maria. Tais revelações não se constituem como depósito da fé, ou seja, não são outra Revelação ou ainda elementos que completam a Revelação. Nesse sentido, a Igreja é prudente e cautelosa na avaliação das aparições marianas, e no caso de serem autênticas, devem motivar o povo fiel a viver ainda mais profundamente o Evangelho de Jesus, tal como ocorre em Fátima e em Lourdes, para citarmos apenas dois exemplos. Este, portanto, é o sentido fundamental das revelações particulares da Virgem Maria para a fé, para a vida e para o culto da Igreja: explicitar a necessidade de estarmos cada vez mais unidos a Cristo pela vivência da sua Palavra e pela missão de evangelizar. Para fins de conhecimento, os critérios que a Igreja utiliza para a avaliação de tais revelações são: 1) a respeito dos videntes (saúde física e mental; sinceridade e humildade; testemunho de obediência e unidade); 2) a respeito da mensagem (ortodoxia, ausência de contradição com o conteúdo da Revelação; convergência com a vida da Igreja; coerência interna da mensagem); e 3) a respeito das ressonâncias das aparições (sinais e frutos).

a sua ação foi animada pela caridade e pelo espírito de serviço; e porque, em suma, ela foi a primeira e a mais perfeita discípula de Cristo, o que, naturalmente, tem um valor exemplar universal e permanente. (MC, n. 35)

Síntese

- Maria, no Mistério de Cristo, remete-nos à centralidade do Mistério Trinitário em sua vida e na vida de todos nós, cristãos: Maria é a Filha do Pai, a Mãe do Filho e a Esposa do Espírito Santo, porque concebeu o Verbo por obra do mesmo Espírito.
- Maria assentiu ao plano de Deus porque, pela fé e pelo amor, reconheceu no projeto de Deus para si mesma o autêntico e pleno horizonte de sentido para sua vida.
- A dignidade sublime de Maria não está, em primeiro lugar, em ser a Mãe do Messias-Rei, mas em ser a humilde Serva do Senhor.
- Na Cruz, Jesus entrega aos homens a sua Mãe como Mãe. Essa nova maternidade de Maria "emerge da maturação definitiva do mistério pascal do Redentor" (RM, n. 23).
- No Mistério da Encarnação, a ação do Espírito Santo em Maria não foi meramente funcional. O dom do Espírito, que vivifica e santifica, permaneceu em Maria como fonte de sua maternidade divina e acolhida de sua vocação.
- É com a vinda do Espírito sobre Maria em vista da Encarnação que se inaugura um novo tempo para a humanidade.
- A presença de Maria no Cenáculo serve para indicar que as primícias do Espírito por Ela recebidas são agora herança de toda a Igreja.
- A relação entre Maria e o Espírito diz da intervenção santificadora do Espírito na Virgem de Nazaré em toda a sua trajetória como participante ativa no plano da salvação.

- A verdade sobre a Virgem Maria nos possibilita aprofundar a verdade sobre a Igreja.
- A Maria de Nazaré (Encarnação) e a Maria do Cenáculo (Pentecostes) experimentam o nascimento do (desde o) Espírito: em Nazaré, o Filho gerado por obra do Espírito Santo; em Jerusalém, a Igreja instituída pela efusão do mesmo Espírito.
- Maria participa do Mistério de Cristo em sua Encarnação e do Mistério da Igreja em seu nascimento.
- Maria é para a Igreja modelo de fé e amor, porque toda a Igreja é chamada a responder à sua vocação fundamental, a saber, levar todos os homens e mulheres à comunhão com Deus, tal como Maria experimentou tendo gerado Cristo por obra do Espírito Santo.
- Maria é nossa Mãe na ordem da graça. A graça é Cristo e Maria sempre aponta para a graça, graça que experimentou em plenitude.
- Maria, acolhendo o Verbo de Deus, torna-se Mãe. Recebendo a Palavra de Deus, a Igreja se torna mãe de todos que, pelo batismo e pela vida nova, tornam-se discípulos de Jesus.
- O ensinamento eclesial acerca da mediação de Maria refere-se à sua especial participação no plano divino da salvação. Há um só mediador e redentor: Jesus Cristo. Contudo, a obra redentora de Jesus teve a colaboração da Virgem Maria.
- As expressões *medianeira* e *corredentora*, referidas à Maria, devem ser adequadamente compreendidas, sempre em seu sentido cristocêntrico, pois podem levar a considerações equivocadas, como se Maria fosse medianeira ao lado de Jesus ou intermediária entre os homens e Deus ou ainda que dispusesse de alguma maneira a graça da redenção.
- A mediação de Maria é de orientação cristológica, porque ela medeia, como Mãe, para Cristo e não para si mesma. A mediação de Maria é intercessão pelos homens.

- A função maternal de Maria em relação aos homens não prejudica, ofusca ou diminui a mediação única e por excelência de Cristo. Ao contrário, a mediação de Maria expressa a eficácia e a excelência da mediação de Cristo.
- Há atualmente um movimento em favor da declaração da mediação de Maria como o quinto dogma mariano: Maria corredentora ou medianeira de todas as graças. Esse movimento é sobremaneira forte nos Estados Unidos.
- Significativos posicionamentos acerca do caráter inoportuno da declaração do dogma da mediação de Maria afirmam a ambiguidade dos títulos *medianeira* e *corredentora* e a necessidade de maior aprofundamento teológico a fim de não comprometer a percepção da centralidade da mediação de Cristo.
- A mediação de Maria é participada. Para o Concílio, a mediação de Maria flui, ostenta a potência e depende inteiramente da mediação de Cristo.
- Maria não se encontra entre nós e Cristo. A sua mediação não é uma intermediação, por meio da qual para chegarmos a Cristo devemos passar por Maria. A mediação de Maria é o favorecimento da nossa união imediata com Cristo; ela nos leva rapidamente a Ele.
- No âmbito litúrgico, valoriza-se sobremaneira a recordação de Maria em alguns tempos litúrgicos e por meio de algumas celebrações específicas.
- As quatro solenidades litúrgicas – Santa Maria, Mãe de Deus; Imaculada Conceição; Anunciação; e Assunção – explicitam, com o máximo grau da Liturgia, os quatro dogmas marianos.
- A Virgem Maria, em tudo, refere-se a Cristo e dele depende. A exemplaridade de Maria concebe-se à luz da exemplaridade de Cristo para a Igreja e para a vida dos cristãos.

- Maria é a Mulher santificada pelo Espírito Santo.
- Maria é exemplo de atitude espiritual para a celebração e a vivência dos divinos mistérios.
- Maria escuta e acolhe a Palavra de Deus pela fé (MC, n. 17).
- Maria é a Mulher da oração (MC, n. 17), cantando o *Magnificat* e intercedendo em Caná (MC, n. 18).
- Maria é a Mãe, modelo da Igreja, que, pela pregação e pelo batismo, gera vida nova nos filhos de Deus (MC, n. 19).
- Maria é a Virgem oferente, quando da apresentação de Jesus no Templo e na Cruz.
- O culto à Maria deve estar permeado pelos grandes temas da mensagem cristã expressos na Sagrada Escritura, fazendo uma constante referência à Palavra de Deus.
- Os exercícios de piedade mariana são distintos da Liturgia, de modo que as orientações litúrgicas e pastorais emanadas do ensinamento do Magistério devem buscar uma harmonia entre tais exercícios e a ação litúrgica da Igreja.
- O culto à Maria refere-se também aos esforços ecumênicos da Igreja, ao anseio pela unidade dos cristãos, que se trata certamente de um desafio pelas relativas incongruências teológicas e dogmáticas, mas que se apresenta, por outro lado, como espaço de diálogo, partilha de vida e celebração conjuntas.

Indicações culturais

A seguir, você encontrará algumas referências de produções literárias, acadêmicas, televisivas e do patrimônio litúrgico da Igreja que evidenciam alguns dos aspectos abordados no presente capítulo, de modo que todas essas produções explicitam a importância de Maria na vida da Igreja e dos cristãos.

Maria e o Mistério de Cristo

Artigo

KUNRATH, P. A.; BACHELADENSKI, C. L. Maria e o Mistério de Cristo e da Eucaristia. **Revista Eletrônica da PUCRS**, Porto Alegre, v. 35, n. 150, p. 757-774, dez. 2005. Disponível em: <http://revistaseletronicas.pucrs.br/ojs/index.php/teo/article/download/1719/1252>. Acesso em: 7 jun. 2018.

Livro

MELLO, A. A. "Ela é minha Mãe!" Encontros do Papa Francisco com Maria. São Paulo: Loyola, 2014.

O autor, Pe. Alexandre Awi Mello, é um padre brasileiro, secretário do Papa Francisco durante a JMJ 2013 e atual secretário do Dicastério para os Leigos, a Família e a Vida.

Maria e o Mistério da Igreja

Vídeo

O PAPEL da Virgem Maria na Igreja. Disponível em: <https://www.youtube.com/watch?v=WMj9Xr3R7Gg>. Acesso em: 7 jun. 2018.

Entrevista com o Frei Marcelo Streit, OCD no Programa Café Teológico (TV Evangelizar), veiculado no dia 8 de maio de 2016.

O culto à Maria

Textos previstos na Liturgia das Horas (Ofício das Leituras) das Solenidades Marianas:

- **Santa Maria Mãe de Deus (1º de janeiro)**

Das Cartas de Santo Atanásio, bispo – século IV

O Verbo assumiu nossa natureza no seio de Maria

O Verbo de Deus veio em auxílio da descendência de Abraão, como diz o Apóstolo. Por isso devia fazer-se em tudo semelhante aos irmãos (Hb 2,16-17) e assumir um corpo semelhante ao nosso. Eis por que Maria está verdadeiramente presente neste mistério; foi dela que o Verbo assumiu, como próprio, aquele corpo que havia de oferecer por nós. A Sagrada Escritura, recordando este nascimento, diz: **Envolveu-o em panos** (Lc 2,7); proclama felizes os seios que o amamentaram e fala também do sacrifício oferecido pelo nascimento deste Primogênito. O anjo Gabriel, com prudência e sabedoria, já o anunciara a Maria; não lhe disse simplesmente: aquele que nascer em ti, para não se julgar que se tratava de um corpo extrínseco nela introduzido; mas: **de ti** (cf. Lc 1,35 Vulg.), para se acreditar que o fruto desta concepção procedia realmente de Maria. Assim foi que o Verbo, recebendo nossa natureza humana e oferecendo-a em sacrifício, assumiu-a em sua totalidade, para nos revestir depois de sua natureza divina, segundo as palavras do Apóstolo: **É preciso que este ser corruptível se vista de incorruptibilidade; é preciso que este ser mortal se vista de imortalidade** (1Cor 15,53). Estas coisas não se realizaram de maneira fictícia, como julgam alguns, o que é inadmissível! Nosso Salvador fez-se verdadeiro homem, alcançando assim a salvação do homem na sua totalidade. Nossa salvação não é absolutamente algo de fictício, nem limitado só ao corpo; mas realmente a salvação do homem todo, corpo e alma, foi realizada pelo Verbo de Deus. A natureza que ele recebeu de Maria era uma natureza humana, segundo as divinas Escrituras, e o corpo do Senhor era um corpo verdadeiro. Digo verdadeiro, porque era um corpo idêntico ao nosso. Maria é portanto nossa irmã, pois todos somos descendentes de Adão. As palavras de João: **O Verbo se fez carne** (Jo 1,14) têm o mesmo sentido que se pode atribuir a uma expressão semelhante de Paulo: **O Cristo fez-se maldição por nós** (cf. Gl 3,13). Pois da íntima e estreita união com o Verbo, resultou para o corpo humano em engrandecimento sem par: de mortal tornou-se imortal; sendo animal, tornou-se espiritual; terreno, transpôs as portas do céu. Contudo, mesmo tendo o Verbo tomado um corpo no seio da Maria, a Trindade continua sendo a mesma Trindade, sem aumento nem diminuição. É sempre perfeita, e na Trindade reconhecemos uma só Divindade; assim, a Igreja proclama um único Deus no Pai e no Verbo.

Fonte: Igreja Católica, 1999, p. 435-436, grifo do original.

- **Anunciação do Senhor (25 de março)**

Das Cartas de São Leão Magno, papa – século V

O sacramento da nossa reconciliação

A humildade foi assumida pela majestade, a fraqueza, pela força, a mortalidade, pela eternidade. Para saldar a dívida de nossa condição humana, a natureza impassível uniu-se à natureza passível. Deste modo, como convinha à nossa recuperação, o único mediador entre Deus e os homens, o homem Jesus Cristo, podia submeter-se à morte através de sua natureza humana e permanecer imune em sua natureza divina. Por conseguinte, numa natureza perfeita e integral de verdadeiro homem, nasceu o verdadeiro Deus, perfeito na sua divindade, perfeito na nossa humanidade. Por "nossa humanidade" queremos significar a natureza que o Criador desde o início formou em nós, e que assumiu para renová-la. Mas daquelas coisas que o Sedutor trouxe, e o homem enganado aceitou, não há nenhum vestígio no Salvador; nem pelo fato de se ter irmanado na comunhão da fragilidade humana, tornou-se participante dos nossos delitos. Assumiu a condição de escravo, sem mancha de pecado, engrandecendo o humano, sem diminuir o divino. Porque o aniquilamento, pelo qual o invisível se tornou visível, e o Criador de tudo quis ser um dos mortais, foi uma condescendência da sua misericórdia, não uma falha do seu poder. Por conseguinte, aquele que, na sua condição divina se fez homem, assumindo a condição de escravo, se fez homem. Entrou, portanto, o Filho de Deus neste mundo tão pequeno, descendo do trono celeste, mas sem deixar a glória do Pai; é gerado e nasce de modo totalmente novo. De modo novo porque, sendo invisível em si mesmo, torna-se visível como nós; incompreensível, quis ser compreendido; existindo antes dos tempos, começou a existir no tempo. O Senhor do universo assume a condição de escravo, envolvendo em sombra a imensidão de sua majestade; o Deus impassível não recusou ser homem passível, o imortal submeteu-se às leis da morte. Aquele que é verdadeiro Deus, é também verdadeiro homem; e nesta unidade nada há de falso, porque nele é perfeita respectivamente tanto a humanidade do homem como a grandeza de Deus. Nem Deus sofre mudança com esta condescendência da sua misericórdia nem o homem é destruído com sua elevação a tão alta dignidade. Cada natureza realiza, em comunhão com a outra, aquilo que lhe é próprio: o Verbo realiza o que é próprio do Verbo, e a carne realiza o que é próprio da carne. A natureza divina resplandece nos milagres, a humana, sucumbe aos sofrimentos. E como o Verbo não renuncia à igualdade da glória do Pai, também a carne não deixa a natureza de nossa raça. É um só e o mesmo – não nos cansaremos de

> repetir – verdadeiro Filho de Deus e verdadeiro Filho do homem.
> É Deus, porque **no princípio era o Verbo, e o Verbo estava com Deus: e o Verbo era Deus.** É homem, porque **o Verbo se fez carne e habitou entre nós** (Jo 1,1.14).

Fonte: Igreja Católica, 2000, p. 1506-1507, grifo do original.

Atividades de autoavaliação

1. Dentre os documentos de João Paulo II indicados a seguir, qual deles trata do tema mariológico?
   a) *Redemptor Hominis.*
   b) *Redemptoris Mater.*
   c) *Redemptoris Missio.*
   d) *Dominum et Vivificantem.*

2. O que significa a expressão latina *fiat*, proferida por Maria e encontrada no Evangelho de Lucas?
   a) "Como se fará isso?".
   b) "Eis a serva".
   c) "Faça-se".
   d) "Cheia de graça".

3. Sobre a dignidade sublime de Maria em sua participação no Mistério de Cristo, ela está em:
   a) ter sido aclamada pelas multidões do Evangelho.
   b) ter ficado imune ao sofrimento ao longo de sua trajetória.
   c) ter sido premiada por Deus com a maternidade divina.
   d) ser a humilde serva do Senhor.

4. Na cruz, Maria torna-se Mãe da Igreja e Mãe dos homens. Quem ali simboliza a Igreja e a humanidade?
   a) Os ladrões.
   b) As pessoas que assistiam à crucificação.
   c) João, o Discípulo Amado.
   d) Os soldados romanos.

5. Qual documento do Concílio Vaticano II apresenta de maneira explícita e sistemática o tema mariológico?
   a) Constituição Dogmática *Lumen Gentium*.
   b) Decreto *Unitatis Redintegratio*.
   c) Constituição Pastoral *Gaudium et Spes*.
   d) Decreto *Christus Dominus*.

6. Sabemos que o dom do Espírito permaneceu em Maria em virtude de algumas situações específicas. Analise as situações a seguir e marque V para a(s) verdadeira(s) e F para a(s) falsa(s).
   ( ) Como acolhida permanente de sua vocação.
   ( ) Como mera lembrança do fato da Encarnação.
   ( ) Como força que fez crepitante a chama da fé.
   ( ) Como fonte de sua maternidade divina.

   Agora, assinale a alternativa que apresenta a sequência correta:
   a) V, V, F, V.
   b) F, F, V, V.
   c) V, F, V, V.
   d) F, F, V, V.

7. O caráter inoportuno da proclamação do dogma de Maria medianeira e corredentora se deve a algum(ns) motivo(s). Analise as possibilidades a seguir e marque V para a(s) verdadeira(s) e F para a(s) falsa(s).

( ) À ambiguidade dos títulos *medianeira* e *corredentora*.
( ) À fixação de um número-limite de dogmas marianos.
( ) Ao número elevado de assinaturas favoráveis necessárias.
( ) À necessidade de maior aprofundamento teológico.

Agora, assinale a alternativa que apresenta a sequência correta:
a) F, F, F, V.
b) V, F, F, V.
c) V, V, F, V.
d) F, V, F, V.

8. Maria é *Mãe da Igreja*. Essa expressão possui significado(s). Analise os significados a seguir e marque V para o(s) verdadeiro(s) e F para o(s) falso(s).
( ) Maria é somente Mãe dos Pastores.
( ) Maria é Mãe de todo o povo cristão.
( ) Maria é somente Mãe dos Religiosos.
( ) Maria é Mãe dos membros de Cristo.

Agora, assinale a alternativa que apresenta a sequência correta:
a) F, V, F, V.
b) F, V, V, V.
c) F, V, V, F.
d) V, V, F, V.

9. No tempo do Natal celebramos a maternidade divina de Maria. Existem solenidades/festas litúrgicas desse tempo que nos recordam a Mãe de Deus. Analise os itens a seguir e marque V para o(s) verdadeiro(s) e F para o(s) falso(s).
( ) Festa da Sagrada Família.
( ) Natal do Senhor.
( ) Solenidade de Santa Maria Mãe de Deus.
( ) Anunciação do Senhor.

Agora, assinale a alternativa que apresenta a sequência correta:
a) F, V, V, F.
b) V, V, F, F.
c) V, F, V, F.
d) V, V, V, F.

Atividades de aprendizagem

Questão para reflexão

1. **Maria e o Mistério do Espírito Santo**

"O Espírito que inunda Maria é e permanece sempre o Espírito do Filho. É ele que 'cristianiza' Maria numa profundidade que não podemos entrever. É a cristã por excelência, a 'cristificada' por superabundância. Nela, o Espírito Santo realiza sua obra-prima. É seu triunfo e seu esplendor" (Suenens, 1975, p. 284).

Em muitas representações do Pentecostes, Maria é apresentada ao centro do grupo dos apóstolos e das mulheres, justamente para indicar que, além de ser a Mãe da Igreja nascente, é a Mulher do Espírito Santo, paradigma de todos quantos são transformados e vivificados pela ação do Espírito a fim de serem conformados a Cristo. Deixamo-nos, como Maria, transformar pelo Espírito Santo? Somos dóceis à sua ação e às suas surpresas? Vivenciamos a experiência do Espírito na comunidade eclesial e para a edificação desta mesma comunidade? Reflita a respeito.

Atividade aplicada: prática

1. O culto à Maria é uma das ricas expressões da fé cristã. Eleja três festas litúrgicas marianas que evidenciam a devoção mariana do povo de Deus, pesquise suas peculiaridades, importância religiosa e cultural e seu sentido teológico a partir dos conteúdos estudados neste capítulo. Sugerimos que sejam três festas litúrgicas cujas respectivas expressões se dão em três países diferentes. Registre todas as informações para seu estudo e vivência pessoal.

Parte II

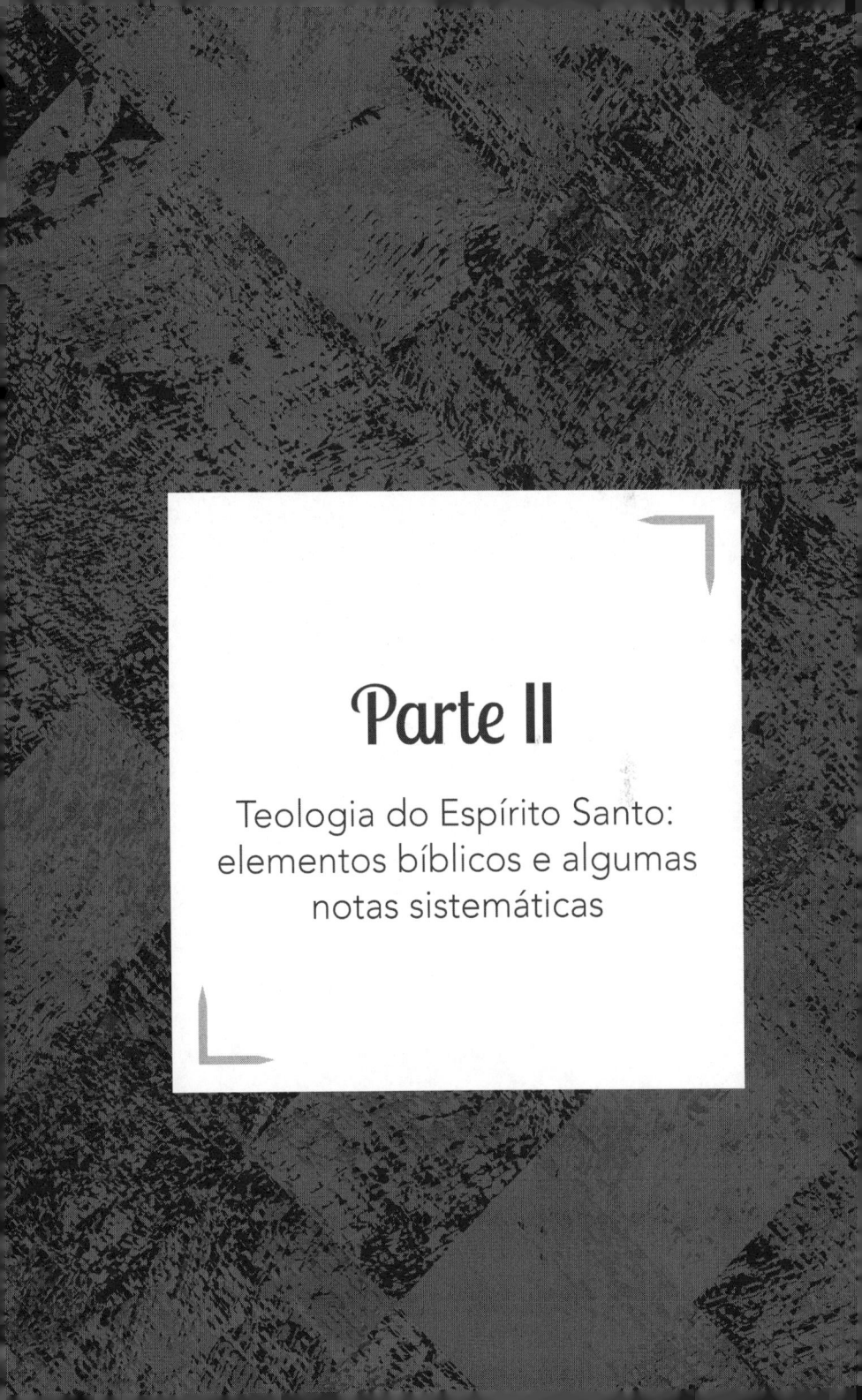

Teologia do Espírito Santo: elementos bíblicos e algumas notas sistemáticas

4 Fundamentos bíblicos da teologia do Espírito Santo[1]

---

[1] Todas as passagens bíblicas indicadas neste capítulo são citações de Bíblia (2002).

Neste capítulo, abordamos os principais elementos bíblicos que se referem à Pessoa e à ação do Espírito Santo, a Terceira Pessoa da Santíssima Trindade. Evidentemente, não se trata de uma apresentação exaustiva e pormenorizada dos elementos pneumatológicos presentes na Sagrada Escritura. Fazemos uma introdução ao tema, procurando focalizar os aspectos mais fundamentais, ou seja, aqueles que conferem sentido a todos os outros e aos quais sempre devemos retornar em termos teológicos.

Para tanto, percorremos um caminho específico e linear, partindo da consideração do Espírito Santo no Antigo Testamento (AT), passando pela relação entre Jesus e o Espírito Santo, até chegarmos às pneumatologias presentes nas principais tradições bíblicas do Novo Testamento (NT): lucana, paulina e joanina. Destacamos, pois, os sentidos teológicos imbricados nos textos bíblicos, de modo que esses mesmos textos têm algo a nos dizer sobre a Pessoa e a ação do Espírito. Em outras palavras: a teologia do Espírito Santo (pneumatologia), com base em seus fundamentos bíblicos, revela-nos não apenas conhecimentos teológicos, mas, antes disso, o próprio Espírito como Pessoa divina que estabelece com os homens e mulheres uma relação pessoal.

4.1 O Espírito Santo no Antigo Testamento

No AT, a principal expressão referida ao Espírito Santo é *ruah*. De origem hebraica, é comumente traduzida do grego *pneuma*, significando "sopro", "ar", "vento", "alma"[2]. Concentremos, pois, nossa atenção na mencionada expressão hebraica e em seus contornos específicos que apontam para a experiência do Espírito no AT. Congar (2005, p. 17) nos apresenta uma descrição sumária desses contornos.

> As 378 utilizações de *ruah* no Antigo Testamento se distribuem em três grupos de importância quantitativa sensivelmente igual. É o vento, o sopro do ar, é a força viva no homem, princípio de vida (respiração), sede do conhecimento e dos sentimentos, é a força de vida de Deus, pela qual ele age e faz agir, tanto no plano físico como no plano "espiritual".

---

[2] Segundo Congar (2005, p. 17), a referência à ação do Espírito no NT por meio da palavra *sopro* confere um significado e um sentido realistas aos textos e fatos e bíblicos, sentido este que o termo *espírito* dificilmente sugere.

Nesse sentido, *ruah* é o princípio que anima um corpo. Atentemo-nos no fato de que isso não significa uma oposição entre o princípio anímico (alma) e o princípio corporal (corpo), que estariam, nesse caso, justapostos. Biblicamente, revela-se uma oposição entre espírito e carne (Rm 8,1-13), esta última indicando a realidade terrestre, frágil e corruptível do ser humano. Em termos bíblicos, a *ruah* não é algo desencarnado, dado que o mesmo ser humano é uma unidade entre corpo e alma. Daí a afirmação de Congar (2005, p. 17) de que a ***ruah*** é uma espécie de corporeidade sutil, tal a sua vinculação com um corpo como princípio que o anima. A *ruah*, no contexto judaico e, por conseguinte, no contexto do AT, é **animação, força, energia**. Se a *ruah* (sopro) é o princípio vital da ação, a *ruah* compreendida como o sopro de Deus é o princípio que anima para a consecução do plano de Deus.

No AT, esse princípio está sempre vinculado a contextos, intenções e atos concretos, ou seja, não aparece à parte da realidade existencial do ser humano. Em outras palavras, dele decorrem diversos efeitos. Tal constatação corrobora o que afirmamos anteriormente: a *ruah* é o princípio da ação, e não uma realidade que estaria em oposição às experiências humanas. Vejamos algumas indicações bíblicas acerca dessa relação:

a. A respiração de Deus que comunica a vida (Ex 15,8-10; Sl 33,6).
b. A respiração do homem, princípio vital (Gn 7,22; Sl 104,29-30).
c. Inspiração de Deus para a realização de uma obra (Ex 31,3).
d. Espírito de inteligência (Ex 28,3).
e. Espírito de sabedoria (Dt 31,3; 34,9; 35,31).

Dentre os sentidos de *ruah* expressos no AT, o mais proeminente é o de espírito como **sopro de Deus**, "por cujo poder são produzidos diversos efeitos no mundo, no homem, nos que recebem o dom de chefe, de profeta, de homem religioso etc." (Congar, 2005, p. 19). Com isso, reconhecemos que no AT a ação do Espírito Santo volta-se à realização do plano de Deus na história – história concreta dos homens e mulheres, história do povo de Deus. Os efeitos desse sopro de Deus têm uma finalidade específica: animar o ser humano para um contínuo movimento de assentimento ao plano divino, o que exige certamente uma ação nessa direção, pois esse plano deve se concretizar na história. Daí o perene movimento do povo de Israel em busca do cumprimento da vontade de Deus e da realização de suas promessas. Trata-se do movimento do Espírito de Deus, do sopro de *Iahweh*.

Vejamos, pois, alguns outros textos bíblicos que exprimem essa perspectiva:

a. O profeta Samuel invadido pelo espírito de *Iahweh* (1Sm 10,5-6).
b. O espírito de Deus em José (Gn 41,38).
c. O espírito de Moisés aos 70 anciãos (Nm 11,16).
d. Os juízes, guerreiros carismáticos (Jz 3,10; 6,34; 11,29; 13,25; 14,6; 14,19).
e. O espírito sobre Davi (1Sm 16,13).
f. Os profetas[3], por quem falou o Espírito (Is 31,3; 11,1; 42,1; Jl 3,1-2).

> O Sopro-Espírito de Deus é, na Bíblia Hebraica, a ação de Deus. É aquilo pelo qual Deus se manifesta agindo antes de tudo para conceder a animação, a vida, e isso no plano daquilo que chamamos de natureza. É, em seguida, aquilo pelo qual Deus conduz seu povo, suscitando para ele heróis, guerreiros poderosos, reis, líderes (Moisés, Josué), profetas e, enfim, sábios. O Messias anunciado acumulará, numa excelência superior, tudo isso. Quanto aos profetas, não havia mais nenhum desde Zacarias e Malaquias. (Congar, 2005, p. 30)

---

3 O Livro de Isaías emprega aproximadamente 50 vezes a palavra *ruah*. Já o Livro de Ezequiel emprega-a 46 vezes.

4.2 Jesus e o Espírito Santo

A consideração sobre a ação do Espírito Santo no NT tem por fundamento e norma a ação do Espírito em Jesus de Nazaré, enviado do Pai, plenitude da revelação e salvador do gênero humano. É nele, em sua vida e missão, que nos é revelado plenamente o Espírito Santo, de modo que em Jesus temos o paradigma da ação do Espírito que vivifica, santifica e impele para a missão. A Igreja e todos os cristãos experimentam em si essa mesma realidade.

O ministério público de Jesus – o anúncio do Reino e da salvação – teve início pela ação do Espírito Santo. Sua missão de anunciador da Boa-Nova foi manifestada publicamente na voz do Pai, mas foi o poder do Espírito que o revestiu e o consagrou para a missão. O princípio da vida missionária do Senhor foi o Espírito Santo, a tal ponto que, na Galileia, ele afirmou: "O Espírito do Senhor está sobre mim, porque me consagrou pela unção para evangelizar os pobres; enviou-me para proclamar a libertação aos presos e aos cegos a recuperação da vista, para restituir a liberdade aos oprimidos e para proclamar um ano de graça do Senhor" (Lc 4,18-19).

O testemunho e a missão de Jesus assumem significado pleno à luz da unção do Espírito que recebeu, pois foi essa unção que o impeliu a anunciar a Boa-Nova. Nas palavras de São João Paulo II na Carta Encíclica *Dominum et Vivificantem* (DeV), a missão de Jesus – o Messias – deu-se na plenitude do Espírito Santo, pois *Messias* significa literalmente "Cristo", ou seja, "Ungido", "ungido com o Espírito Santo". E ao final de sua missão terrena, prometeu e enviou o Espírito sobre os apóstolos. Ou seja, toda a vida de Cristo é manifestação de sua união íntima com o Pai no Espírito Santo (DeV, n. 14).

Jesus foi enviado pelo Pai para anunciar o Evangelho. Para este envio foi ungido pelo Espírito Santo em sua vida terrena e todos os aspectos de seu mistério – encarnação, ensinamentos, milagres, chamado e envio dos Doze, morte e ressurreição, continuidade por meio dos seus – formam parte de sua atividade evangelizadora. (Velasco Jiménez, 2000, p. 77, tradução nossa)

Segundo Congar (2005, p. 33), o Espírito constituiu "santo" e "Filho de Deus" o menino nascido de Maria. Novamente o Espírito agiu no batismo de Jesus, constituindo-o Messias e repousando sobre ele. Pelo Espírito, o Cristo agirá e o mesmo Senhor dará o Espírito, "pois, se ele foi consagrado por ocasião de seu batismo para seu ministério profético, é quando ele for 'exaltado à direita de Deus' que ele poderá retomar o Espírito (cf. At 2,33)". Congar (2005 p. 38) assim continua:

> A descida do Espírito sobre Jesus durante o seu batismo é descrita como uma unção: unção profética, unção para uma missão de anúncio [...]. São Lucas mostrará a consequência disso nos Atos dos Apóstolos: sendo Pentecostes para a Igreja o que o batismo foi para Jesus, ou seja, pelo dom e pela força do Espírito, a consagração para o ministério, a missão, o testemunho.

4.3 A tradição lucana

Na perspectiva do Evangelho de Lucas, a expressão *pneuma* se refere à **força de Deus**, força para a realização de uma ação específica: a missão. O *pneuma* lucano designa essa força como o Espírito de Deus. Com relação ao Evangelho, Lucas utiliza *Espírito de Deus* três vezes mais que o evangelista Marcos.

É nesse Evangelho que encontramos as indicações mais claras e explícitas acerca da ação do Espírito (*pneuma*) em Jesus. Ao afirmar que Jesus é nascido do Espírito (Lc 1,35), Lucas evidencia o *pneuma* como ação criadora de Deus na anunciação, pois Maria concebeu Jesus por obra do Espírito Santo (Lc 1,35).

Destaca igualmente Lucas a ação do *pneuma* do batismo de Jesus. Descendo sobre ele, o Espírito marca o início de seu ministério público, de sua missão. Recordamos aqui a afirmação inicial da presente seção de que o Espírito, em Lucas, é preconizado como força de Deus para a missão. No batismo de Jesus essa realidade se torna evidente pela união da Palavra do Pai – "Tu és meu Filho; eu, hoje, te gerei" (Lc 3,22b) – e da unção do Espírito que confirmou Jesus em sua missão de anunciador da Boa-Nova e Salvador de todos os homens e mulheres. "O Espírito é a unção profética da missão de anúncio e de realização da Boa Nova libertadora que Jesus vai realizar. A descida do Espírito, que habilita Jesus oficialmente à sua missão (Lc 4,1.14.18), é também a revelação de sua identidade de Filho de Deus" (Boff, 1996, p. 24).

É a ação do Espírito que torna público o desígnio do Pai em Jesus e explicita a sua missão, que será levada a termo pela ação do mesmo Espírito. Impelido pelo Espírito ao deserto (Lc 4,1), vive ali a experiência da presença do Espírito que o faz renunciar tudo aquilo que atenta contra o Reino de Deus que ele deve anunciar e inaugurar. Lucas procura explicitar que, mesmo antes do início de sua vida pública, Jesus é conduzido pelo Espírito para a vivência de uma experiência que o acompanhará ao longo de seu ministério: a afirmação da Boa-Nova em detrimento dos sinais diabólicos. Dada a relevância que a relação Espírito-missão possui no contexto lucano, percebemos, com isso, o sentido evangélico da luta que todos os cristãos travam para se manter fiéis ao batismo recebido e à missão que lhes foi outorgada a partir do modelo que é Jesus Cristo. Essa luta é travada na ação do Espírito, como em Jesus.

O *pneuma* presente no batismo e na tentação de Jesus é o *pneuma* que o leva a anunciar o Reino de Deus e a salvação a todos. O programa missionário de Jesus é ditado pela unção do Espírito: "O Espírito do Senhor está sobre mim, porque ele me ungiu para evangelizar os pobres; enviou-me para proclamar a remissão aos presos e aos cegos a recuperação da vista, para restituir a liberdade aos oprimidos e para proclamar um ano de graça do Senhor" (Lc 4,18-19).

A unção de Jesus com o Espírito Santo está essencialmente vinculada à sua missão salvífica. Ele é o Messias, o Ungido, aquele cuja unção recebida do Espírito o impele a atualizar a obra missionária para a qual foi enviado pelo Pai, pois a vida e a missão de Jesus, no Espírito Santo, devem realizar o plano divino da salvação. Lucas, em seu Evangelho, destaca a estreita relação entre Jesus e o Espírito sob o signo da missão.

> O espírito de Deus preside todo o ministério de Jesus. Através das obras, dos gestos e das palavras que ele realiza no meio do povo de sua raça, Jesus comunica-lhes este mesmo espírito. Com sua prática, Jesus, portador do Espírito por excelência, começa a nova criação, isto é, faz nascer o homem novo e a mulher nova. (Boff, 1996, p. 31)

Em linhas gerais, podemos afirmar que a tradição lucana, do ponto de vista de seu Evangelho, apresenta o *pneuma* como o dom em Jesus para o cumprimento de sua missão. Trata-se de uma relação indissociável, que não assume uma concepção meramente funcional, mas evidencia o Cristo como o homem do Espírito em sentido estrito: há entre eles uma plena relação pessoal, atualizada na própria missão de Jesus pela unção do Espírito. A pneumatologia lucana, na perspectiva evangélica, põe em relevo três aspectos: o *pneuma* (a ação do Espírito que unge Jesus e o envia em missão), a missão (ação do mesmo Espírito no ministério de Jesus) e o testemunho (Jesus é o Messias na força do Espírito para o testemunho do Reino de Deus).

Na perspectiva do livro *Atos dos Apóstolos*, igualmente pertencente à tradição lucana, temos uma concepção de *pneuma* idêntica àquela do Evangelho de Lucas, que vimos no início desta seção: força de Deus para a missão. O evento de Pentecostes (At 2) condensa em si e orienta toda a narrativa dos Atos porque apresenta o Espírito Santo como o protagonista da missão. Se em seu Evangelho Lucas apresenta Jesus como o missionário do Pai pela unção e força do Espírito, em Atos apresenta a comunidade cristã ungida e enviada na força do Espírito para a perpetuação da mesma missão de Jesus.

De acordo com Lina Boff (1996, p. 107), o primeiro discurso de Pedro, logo após o Pentecostes, introduz teologicamente todo o Livro de Atos e, por conseguinte, explicita alguns aspectos referentes ao Espírito. O primeiro deles diz da efusão do Espírito, experiência que os apóstolos reunidos no Cenáculo haviam acabado de vivenciar. Retomando o livro do profeta Joel (Jl 3,1-5), Pedro discursa à multidão:

> Sucederá nos últimos dias, diz o Senhor, que derramarei o meu espírito sobre toda carne. Vossos filhos e vossas filhas profetizarão, vossos jovens terão visões e vossos velhos sonharão. Sim, sobre meus servos e minhas servas derramarei do meu Espírito. E farei aparecerem prodígios em cima, no céu, e sinais embaixo, sobre a terra. O sol se mudará em escuridão e a lua em sangue, antes que venha o Dia do Senhor, o grande Dia. E então, todo o que invocar o nome do Senhor será salvo. (At 2,17-21)

A experiência cenacular da efusão do Espírito, que levou imediatamente os apóstolos ao anúncio de Jesus Cristo tendo Pedro por porta-voz, inaugurou a missão da Igreja e fez de todos quantos reconheceram Jesus como Senhor e Salvador também anunciadores de suas maravilhas na força do Espírito Santo. O anúncio de Jesus Ressuscitado, na perspectiva de Atos, está intrinsecamente vinculado ao derramamento do Espírito Santo, tal como afirma Pedro: "Portanto, exaltado pela direita de Deus, ele recebeu do Pai o Espírito Santo prometido e o derramou, e é isto o que vedes e ouvis" (At 2,33). Tal profissão de fé em Jesus traz consigo um elemento pneumatológico singular: o Cristo que ressuscitou dos mortos prometeu e enviou o Espírito para que todos pudéssemos, como comunidade cristã, anunciar o Reino e a salvação que ele mesmo nos ofereceu na força do Espírito Santo. O envio do Espírito Santo, evento central de Atos, é a experiência que possibilita aos apóstolos e à comunidade uma autêntica experiência do amor e da misericórdia de Deus porque, como destaca a Exortação Apostólica *Evangelii Gaudium*, "se alguém acolheu este amor que lhe devolve o sentido da vida, como é que pode conter o desejo de o comunicar aos outros?" (EG, n. 8). "A relação existente entre a exaltação de Jesus e a doação do Espírito nos dá a consciência de vislumbrar a 'face' materna do Deus-Amor, que se nos dá inteiramente ao comunicar-nos seu Espírito de vida" (Boff, 1996, p. 111).

Por fim, o discurso de Pedro, cujo alcance pneumatológico contempla a totalidade do texto de Atos, indica os elementos pertinentes a uma vida no Espírito: "Arrependei-vos e cada um seja batizado em nome de Jesus Cristo para a remissão dos vossos pecados. Então recebereis o dom do Espírito Santo" (At 2,38). O *pneuma* de Atos é o Espírito que dá vida nova para a missão. Assim como Jesus, guiado pelo Espírito, cumpriu em tudo a vontade do Pai e dela deu testemunho, também aqueles que o acolhem como Salvador, pela efusão do Espírito, são conformados a Ele. Trata-se de uma conversão radical cuja norma é Cristo, mas que só é possível pela ação do Espírito Santo. Daí em diante visualizamos em Atos uma vasta quantidade de relatos que indicam os efeitos da vida nova no Espírito Santo e, especialmente, os fatos relativos aos envios missionários, que novamente reiteram a centralidade da relação Espírito-missão na tradição lucana.

Temos, portanto, que a Teologia do Espírito Santo sob a perspectiva lucana está fundada na noção evangélica de *pneuma* como força de Deus para a missão, cujo paradigma é Jesus como o ungido pelo Espírito para o cumprimento de sua missão messiânica. Essa mesma noção orienta a pneumatologia presente nos Atos dos Apóstolos, cujo elemento central é a efusão do Espírito que conforma o homem a Jesus para que, como ele, possa viver no Espírito para a missão de anunciar o Reino e a salvação.

4.4 A tradição joanina

O Evangelho de João apresenta-nos elementos pneumatológicos específicos e significativos. Jesus, nesse Evangelho, é quem dá o Espírito e quem anuncia o seu envio. Esses dois aspectos nos permitem caracterizar a pneumatologia presente nos escritos joaninos. Tomando por base as considerações de Congar (2005, p. 72-88), tecemos as seguintes considerações.

a. **Jesus concede o Espírito**: Os episódios da conversa de Jesus com Nicodemos e com a samaritana explicitam a realidade do Espírito concedido por Jesus. No primeiro caso, o nascer da água e do Espírito (Jo 3,5) remete-nos ao Espírito que gera o nascimento do alto, o nascimento para o Reino de Deus, que implica uma experiência de fé a ser professada e vivida. No segundo caso, a água que jorra para a vida eterna (Jo 4,14) é o Espírito Santo, pois é Ele que anima e conduz o cristão até a vida eterna. Assim, como Cristo, o Espírito realiza em nós a obra da salvação. Acrescenta-se, portanto, à imagem do Espírito como sopro (AT) a imagem do Espírito como água.

Ainda na perspectiva do Espírito concedido por Jesus, João condiciona o envio do Espírito por Jesus à sua glorificação. Isso se dá pelo "fato de que sua glória celeste ou divina de Filho é comunicada **à sua humanidade** oferecida e imolada" (Congar, 2005, p. 76, grifo do original). Evidentemente, isso não significa a inexistência do Espírito Santo antes da glorificação de Jesus, mas sim que o dom do Espírito é concedido pelo Senhor glorificado. Assim, temos que o dom do Espírito é dado, no Evangelho de João, de quatro modos:
1. Ao soprar sobre Maria e João, aos pés da Cruz, Jesus transmite o espírito à Igreja. Trata-se de um simbolismo que nos remete ao

dom do Espírito. Congar (2005, p. 77) reconhece que se trata de uma expressão de dupla interpretação: "Jesus dá o seu último suspiro e, por sua morte voluntariamente aceita, entrega o Espírito a seus discípulos".

2. A água que sai do lado aberto de Jesus após sua morte é também um símbolo da doação do Espírito, ainda que possa haver interpretações equívocas acerca do sentido do termo (Congar, 2005, p. 77).

3. A promessa do Paráclito, a ser apresentada a seguir.

4. O dom pascal do Espírito aos Apóstolos: "Recebei o Espírito Santo. A quem perdoardes os pecados, ser-lhes-ão perdoados. A quem os retiverdes, ser-lhes-ão retidos" (Jo 21,23). "Falou-se em 'Pentecostes joanino', mas não é o equivalente exato ao Pentecostes dos Atos dos Apóstolos" (Congar, 2005, p. 78). Nesse episódio, o Espírito não é comunicado pessoalmente, mas como a força que corresponde à missão que os apóstolos acabam de receber. O Paráclito, tal como prometido por Jesus, ainda seria enviado.

b. **O Paráclito prometido**: Não há termo em português que exprima fielmente a expressão grega *Parakletos*, que se traduz, em geral, por "defensor", "auxílio", "consolador", "assistente", "advogado", "conselheiro". A palavra em questão é encontrada cinco vezes nos escritos joaninos. O discurso de despedida (Jo 14-16) apresenta as seguintes passagens sobre o Paráclito:

1. "[E] rogarei ao Pai e ele vos dará outro Paráclito, para que convosco permaneça para sempre, o Espírito da Verdade, que o mundo não pode acolher, porque não o vê nem o conhece. Vós o conheceis, porque permanece convosco" (Jo 14,16-17).

2. "Mas o Paráclito, o Espírito Santo que o Pai enviará em meu nome, vos ensinará tudo e vos recordará tudo o que vos disse" (Jo 14,26).

3. "Quando vier o Paráclito, que vos enviarei de junto do Pai, o Espírito da Verdade, que vem do Pai, dará testemunho de mim" (Jo 15,26).
4. "No entanto, eu vos digo a verdade: é de vosso interesse que eu parta, pois, se não for, o Paráclito não virá a vós. Mas se for, enviá-lo-ei a vós. E quando ele vier, estabelecerá a culpabilidade do mundo a respeito do pecado, da justiça e do julgamento" (Jo 16,7-8).
5. "Quanto vier o Espírito da Verdade, ele vos guiará na verdade plena, pois não falará de si mesmo, mas dirá tudo o que tiver ouvido e vos anunciará as coisas futuras. Ele me glorificará porque receberá do que é meu e vos anunciará. Tudo o que o Pai tem é meu. Por isso vos disse: ele receberá do que é meu e vos anunciará" (Jo 16,13-15).

Depreendemos desses textos alguns aspectos significativos quanto às relações que o Espírito Paráclito estabelece com o Pai e com Jesus e quanto a Ele em si mesmo. No âmbito de suas relações, o Paráclito procede do e é concedido/enviado pelo Pai, por Jesus; em relação a Jesus, Ele é o outro Paráclito; Ele recordará e ensinará aos discípulos as palavras de Jesus; Ele dará testemunho de Jesus; Ele vem tendo por pressuposto a partida de Jesus; Ele é conhecido pelos discípulos e estará sempre com e neles; Ele conduzirá os discípulos à verdade; Ele não é conhecido e visto pelo mundo, mas o confundirá. Nos âmbitos de sua natureza e ação, o Paráclito é o Espírito da Verdade; Ele ensina, recorda, comunica, fala, glorifica Jesus, dá testemunho e convence do pecado.

Em acordo com a reflexão de Congar (2005, p. 82-83), dizemos que o Evangelho de João apresenta o Espírito com características pessoais, atreladas ao Pai e ao Filho, ainda que disso não decorra, no mesmo Evangelho, uma teologia trinitária. Vemos ainda que os trechos evangélicos apresentados anteriormente nos atestam uma estreita relação entre o Espírito e Jesus na obra da salvação. O Espírito prometido continuará nos discípulos a obra de Jesus: fará com que possam acolher, pela fé, o Filho de Deus e vivenciar a sua palavra em meio ao mundo. A pneumatologia do Evangelho de João se dá a partir da seguinte dinâmica proposta por Swete (citado por Congar, 2005, p. 83): "Jesus é o caminho [...] o Espírito é o guia [...] que orienta essa caminhada".

Já os elementos pneumatológicos presente nas epístolas joaninas nos revelam a ação do Espírito na Igreja. Ao fazer crer que Jesus é o Filho de Deus feito homem, o Espírito Santo gera na comunidade um sentimento de comunhão baseado no amor de Deus pela humanidade – amor que deve se traduzir em gestos concretos, por meio dos fiéis, no seio da mesma comunidade. Aproxima-se dessa dinâmica o fato de que a Igreja nascente é, por natureza, missionária, conforme indica o Decreto *Ad Gentes* (AG, n. 1), e isso repercute diretamente nos textos joaninos:

> O tempo da Igreja é essencialmente o da missão, do testemunho e do querigma. É de se notar que **todos** os evangelhos terminam com um envio dos apóstolos em missão e, em Lucas e João, com um dom do Espírito Santo. Em João, o Espírito é essencialmente Espírito de verdade e, como tal, dá testemunho de Cristo, juntamente com os apóstolos. Trata-se dos discípulos ao longo dos tempos da Igreja [...]. O Espírito impulsiona a realização do mistério cristão para a frente, na história dos homens. (Congar, 1991, p. 86-87, tradução nossa; grifo do original)

4.5 A tradição paulina

O termo *pneuma* é utilizado 146 vezes nos escritos de São Paulo. Seguindo a exposição de Congar (2005, p. 49-66), estes são os elementos essenciais que compõem a pneumatologia paulina:

a. Ainda que Paulo tenha conhecido e mantido contato com a experiência da Igreja nascente em Pentecostes, ele não faz alusão a ela. Para o Apóstolo dos Gentios, a experiência do Espírito está vinculada radical e essencialmente ao Mistério Pascal de Jesus, mais especificamente à sua ressurreição e glorificação como Cristo e Senhor.

b. O dom do Espírito Santo, que nos foi conferido pela redenção realizada na cruz, cumpre a promessa que Deus fez a Abraão: "Isto [a cruz] para que a bênção de Abraão alcance os pagãos em Jesus Cristo e, assim, nós recebêssemos pela fé o Espírito, objeto da promessa" (Gl 3,14). Somos, em Cristo, herdeiros desta promessa, e sua realização se dá pela fé e pelo batismo, por meio do qual somos mergulhados em Cristo e recebemos o Espírito Santo.

c. O Espírito, que é dom de Deus, é recebido na fé suscitada pela pregação do Evangelho. Como creriam os pagãos se não lhes fosse pregado o Evangelho de Jesus Cristo ressuscitado? "A minha palavra e a minha pregação nada tinham dos discursos persuasivos da sabedoria, mas eram uma demonstração feita pelo poder do Espírito, a fim de que a vossa fé não se fundasse na sabedoria dos homens, mas no poder de Deus" (1Cor 2,4-5).

d. O Espírito recebido na fé e pelo batismo gera no cristão uma vida no Espírito Santo. Trata-se da santidade do Espírito que gera santidade no fiel (Rm 8). Os filhos de Deus, pelo batismo, vivem no Espírito, de modo que "esse Espírito é quem atesta ao nosso espírito que somos filhos de Deus. Filhos e, portanto, herdeiros: herdeiros de Deus, co-herdeiros de Cristo" (Rm 8,16-17). A vida no Espírito gera frutos na existência do cristão, dentre os quais o mais excelente é o amor. Esse amor é participação no amor primeiro de Deus por nós, amor que exprime a santidade de Deus que nos constitui como filhos; recebemos um espírito de filhos adotivos pelo qual clamamos "Abba! Pai!" (Rm 8,15).

e. A vida no Espírito, que é a vida em Cristo, é de caráter eclesial.

> O Espírito tem uma função decisiva na construção da Igreja. "Pois todos fomos batizados em um só Espírito, para formarmos um só corpo" (1Cor 12,13). Espírito e corpo não se opõem; ao contrário, contam um com o outro. De fato, se o "corpo" (de Cristo) do qual fala São Paulo é uma realidade visível, não se trata de um corpo físico, material. Aquele que se une ao corpo glorioso de Cristo, inteiramente penetrado do Espírito, pela fé viva, pelo batismo, pelo pão e pelo cálice da última ceia, torna-se espiritualmente – realmente – um membro de Cristo: torna-se corpo com ele no plano da vida filial que promete à herança de Deus. (Congar, 2005, p. 53)

f. Quanto aos dons e carismas do Espírito, especialmente no contexto das Cartas aos Coríntios, Paulo é muito claro: o individualismo e o gozo pessoal no âmbito dos dons recebidos do Espírito não constroem a Igreja. Cristo é o centro para o qual tudo converge, de modo que o Espírito não faz outra coisa senão nos conformar a Jesus. Além disso, preferir os dons e os carismas do Espírito ao próprio Espírito é, para Paulo, uma contradição e uma atitude perigosa, que igualmente não edificam a Igreja. Os dons e carismas do Espírito são para o bem comum (1Cor 12,7), para construção do Corpo de Cristo. Os carismas do Espírito, nos escritos paulinos, têm sentido específico: em primeiro lugar, referem-se à graça de Deus (*charis*), ou seja, são dons diversos que dependem e os quais recebemos de uma única graça. Dizer, portanto, *carismas do Espírito* é dizer *carismas provenientes da graça de Deus*, no Espírito. Os carismas

> 1°) são distribuídos pelo Espírito "segundo sua vontade"; 2°) são variados: ele fornece diversas listas deles que não coincidem inteiramente e não pretendem ser exaustivas; 3°) que o Espírito os dá, diferentes, em vista do bem de todos, isto é, para que sirvam na construção da comunidade eclesial ou na vida do Corpo de Cristo.

Enfim, 4°) ele coloca acima de todos o dom ou carisma do amor e põe no devido lugar dois "dons do Espírito" ou *pneumatika* [...] que eram muito apreciados pelos coríntios: falar em línguas e a profecia. (Congar, 2005, p. 58)

g. Para Paulo, o Espírito Santo (*pneuma*) é o Espírito de Cristo (Rm 8,9; Fl 1,9), de modo que Ele sempre nos leva a confessar e a viver como Cristo: "Ninguém, falando sob a inspiração do Espírito de Deus, pode dizer: 'Maldito seja Jesus' e ninguém pode dizer 'Jesus é Senhor', a não ser pelo Espírito Santo" (1Cor 12,3). A Igreja é o Corpo de Cristo, e não o Corpo do Espírito Santo. "Do ponto de vida do conteúdo, não há autonomia, e muito menos disparidade de uma obra do Espírito em relação à de Cristo" (Congar, 2005, p. 61). Sobre esse aspecto, é certamente interessante a exposição de Congar (2005, p. 64) acerca do estudo de Ingo Hermann (1961) relativo à passagem de 2Cor 3,16-17: "É somente pela conversão ao Senhor que o véu cai. Pois o Senhor é o Espírito, e onde está o Espírito do Senhor, aí está a liberdade". Segundo Hermann (1961, citado por Congar, 2005), o Espírito não é Senhor, mas apenas Cristo. O versículo em questão trata de uma experiência existencial: nós experimentamos o Senhor Jesus como Espírito; ou ainda, o que nós experimentamos como Espírito é, na realidade, o Senhor Jesus glorificado. Em Paulo, portanto, não há confusão entre o Senhor e o *pneuma*.

h. Por fim, temos que Paulo explicita uma personalidade do Espírito. É certo que o Espírito é o próprio Deus comunicado a nós pela fé. O Espírito "sonda as profundezas de Deus" (1Cor 2,10); faz-nos conhecer a vontade salvadora de Deus (1Cor 2,10-14); testemunha-nos que somos filhos de Deus (Rm 8,16); intercede por nós (Rm 8,26); habita nos fiéis (1Cor 3,16; 6,19).

Síntese

- No AT, a principal expressão referida ao Espírito Santo é *ruah*. De origem hebraica, é comumente traduzida do grego *pneuma*: "sopro", "ar", "vento", "alma". Dentre os sentidos de **ruah** expressos no AT, o mais proeminente é o de espírito como sopro de Deus.
- A *ruah*, no contexto do AT, é "animação", "força", "energia", "princípio que anima um corpo". A *ruah* compreendida como o sopro de Deus é o princípio que anima para a consecução do plano de Deus.
- Em Jesus temos o paradigma da ação do Espírito que vivifica, santifica e impele para a missão. A Igreja e todos os cristãos experimentam em si essa mesma realidade.
- O ministério público de Jesus teve início pela ação do Espírito Santo. Foi o poder do Espírito que o revestiu e o consagrou para a missão (cf. Lc 4,18-19).
- A missão de Jesus, o Messias, deu-se na plenitude do Espírito Santo, pois *Messias* significa literalmente *Cristo*, ou seja, "Ungido", "ungido com o Espírito Santo".
- Foi o Pentecostes para a Igreja o que o batismo foi para Jesus, ou seja, pelo dom e pela força do Espírito, a consagração para o ministério, a missão, o testemunho.
- No Evangelho de Lucas, a expressão *pneuma* é *força de Deus*, força para a realização da missão. O *pneuma* lucano designa essa força como o Espírito de Deus.
- A relação Espírito-missão é central no contexto lucano, indicando o sentido evangélico da luta que todos os cristãos travam para se manter fiéis ao batismo recebido e à missão que lhes foi outorgada. Essa luta é travada na ação do Espírito, como em Jesus.
- O Evangelho de Lucas destaca a relação entre Jesus e o Espírito sob o signo da missão.

- A pneumatologia do Evangelho de Lucas põe em relevo três aspectos: o *pneuma* (a ação do Espírito que unge Jesus e o envia em missão), a missão (ação do mesmo Espírito no ministério de Jesus) e o testemunho (Jesus é o Messias na força do Espírito para o testemunho do Reino de Deus).
- Nos Atos dos Apóstolos, temos uma concepção de *pneuma* idêntica à do Evangelho de Lucas: força de Deus para a missão. O evento de Pentecostes condensa em si e orienta toda a narrativa dos Atos. O Espírito Santo é o protagonista da missão: a comunidade ungida e enviada na força do Espírito para a perpetuação da missão de Jesus.
- O *pneuma* de Atos é o Espírito que dá vida nova para missão.
- Jesus, no Evangelho de João, é quem dá o Espírito e quem anuncia o seu envio.
- Jesus concede o Espírito: 1) ao soprar sobre Maria e João, aos pés da cruz; 2) ao ter o seu lado aberto na cruz, do qual sai água, símbolo do Espírito; 3) ao soprar sobre os apóstolos após a Ressurreição, como seu dom pascal.
- Jesus promete o *Paráclito*: defensor, auxílio, consolador, assistente, advogado, conselheiro etc. Esse termo possui cinco ocorrências nos escritos joaninos.
- O Paráclito procede do e é concedido/enviado pelo Pai, por Jesus; Ele recordará e ensinará aos discípulos as palavras de Jesus; Ele dará testemunho de Jesus; Ele vem tendo por pressuposto a partida de Jesus; Ele é conhecido pelos discípulos e estará sempre com e neles; Ele conduzirá os discípulos à verdade; Ele não é conhecido e visto pelo mundo, mas o confundirá; é o Espírito da Verdade; Ele ensina, recorda, comunica, fala, glorifica Jesus, dá testemunho e convence do pecado.
- A pneumatologia do Evangelho de João se dá a partir da seguinte dinâmica: "Jesus é o caminho [...] o Espírito é o guia [...] que orienta essa caminhada".

- As epístolas joaninas nos revelam a ação do Espírito na Igreja.
- O termo *pneuma* é utilizado 146 vezes nos escritos de São Paulo.
- Para São Paulo, a experiência do Espírito está vinculada essencialmente ao Mistério Pascal de Jesus, à sua ressurreição e glorificação como Cristo e Senhor.
- O dom do Espírito Santo cumpre a promessa que Deus fez a Abraão: "Isto [a cruz] para que a bênção de Abraão alcance os pagãos em Jesus Cristo e, assim, nós recebêssemos pela fé o Espírito, objeto da promessa" (Gl 3,14).
- O Espírito é recebido na fé suscitada pela pregação do Evangelho. "A minha palavra e a minha pregação nada tinham dos discursos persuasivos da sabedoria, mas eram uma demonstração feita pelo poder do Espírito, a fim de que a vossa fé não se fundasse na sabedoria dos homens, mas no poder de Deus" (1Cor 2,4-5).
- O Espírito recebido gera no cristão uma vida no Espírito Santo. A santidade do Espírito gera santidade no fiel.
- A vida no Espírito, que é a vida em Cristo, é de caráter eclesial. "Pois todos fomos batizados em um só Espírito, para formarmos um só corpo" (1Cor 12,13).
- Os dons e carismas do Espírito são para o bem comum, para construção do Corpo de Cristo, e referem-se à graça de Deus (*charis*).
- Para São Paulo, o Espírito Santo (*pneuma*) é o Espírito de Cristo, que sempre nos leva a confessar e a viver como Cristo: "Ninguém, falando sob a inspiração do Espírito de Deus, pode dizer: 'Maldito seja Jesus' e ninguém pode dizer 'Jesus é Senhor', a não ser pelo Espírito Santo" (1Cor 12,3).
- São Paulo explicita uma personalidade do Espírito. É certo que o Espírito é o próprio Deus comunicado a nós pela fé.

Indicações culturais

Confira a seguir algumas sugestões que podem contribuir para o aprofundamento dos assuntos tratados neste capítulo.

JOÃO PAULO II, Papa. **Carta Encíclica *Dominum et Vivificantem***: sobre o Espírito Santo na vida da Igreja e do mundo. Roma, 18 maio 1986. Disponível em: <http://w2.vatican.va/content/john-paul-ii/pt/encyclicals/documents/hf_jp-ii_enc_18051986_dominum-et-vivificantem.html>. Acesso em: 7 jun. 2018.

No período pós-Concílio Vaticano II, o único documento papal dedicado exclusivamente à Pessoa do Espírito Santo é a Carta Encíclica *Dominum et Vivificantem*, de João Paulo II, publicada em 1986. Trata-se de uma síntese teológica e pastoral decisiva para a compreensão pneumatológica a partir do Concílio Vaticano II, especialmente se considerarmos que no século XX presenciamos o resgate da pneumatologia como ciência teológica e como experiência pessoal e comunitária do Espírito Santo. O texto original está em português de Portugal e fizemos pequenas adaptações de linguagem no fragmento a seguir.

3. O dar-se salvífico de Deus no Espírito Santo

11. O discurso de despedida de Cristo, durante a Ceia pascal, está em particular conexão com este "dar" e "dar-se" do Espírito Santo. No **Evangelho de São João descobre-se** como que a "lógica" mais profunda do mistério salvífico, contido no eterno desígnio de Deus, qual expansão da inefável comunhão do Pai, do Filho e do Espírito Santo. É a "lógica" divina, que leva do mistério da Trindade ao mistério da Redenção do mundo em Jesus Cristo. A **Redenção realizada pelo Filho** nas dimensões

da história terrena do homem – consumada quando da sua "partida", por meio da Cruz e da Ressurreição – é, ao mesmo tempo, **transmitida ao Espírito Santo** com todo o seu poder salvífico: transmitida Àquele que "receberá do que é meu". As palavras do texto joanino indicam que, segundo o desígnio divino, a "partida" de Cristo é condição indispensável para o "envio" e para a vinda do Espírito Santo; mas dizem também que começa então **a nova autocomunicação salvífica de Deus, no Espírito Santo**.

12. É um **novo princípio** em relação **ao primeiro**: àquele princípio **primigênio do dar-se salvífico de Deus**, que se identifica com o próprio mistério da criação. Com efeito, lemos já nas primeiras palavras do **Livro do Génesis**: "No princípio criou Deus o céu e a terra ..., e o espírito de Deus (*ruah Elohim*) pairava sobre as águas". Este conceito bíblico de criação comporta não só o chamado à existência do próprio ser do cosmos, ou seja, o **dom da existência**, mas comporta também a presença do Espírito de Deus na criação, isto é, o início do comunicar-se salvífico de Deus às coisas que cria. Isto aplica-se, **antes de mais, quanto ao homem**, o qual foi criado à imagem e semelhança de Deus: "Façamos o homem à nossa imagem e à nossa semelhança". "Façamos": poderá, acaso, dizer-se que o plural, usado aqui pelo Criador ao referir-se a si mesmo, insinua já, de algum modo, o mistério trinitário, a presença da Santíssima Trindade na obra da criação do homem? O leitor cristão, que já conheça a revelação deste mistério, pode descobrir dele um reflexo também nessas palavras. Em todo o caso, o conteúdo do **Livro do Génesis** permite-nos ver na criação do homem o primeiro princípio do dom salvífico de Deus, na medida daquela "imagem e semelhança" de si mesmo, por Ele outorgada ao homem.

13. Parece, portanto, que as palavras pronunciadas por Jesus no discurso de despedida devem ser relidas também em conexão com aquele "princípio" tão longínquo, mas fundamental, que conhecemos pelo **Livro do Génesis**. "Se eu não for, o Consolador não virá a vós; mas, se eu for, O enviarei a vós". Ao referir-se à sua "partida" **como condição** da "vinda" do Consolador, Cristo relaciona o novo princípio da comunicação salvífica de Deus no Espírito Santo com o mistério da Redenção. Este é um novo princípio antes de mais nada, porque entre o primeiro princípio e toda a história do homem – a começar da queda original – **se interpôs o pecado**, que está em contradição com a presença do Espírito de Deus na criação e está, sobretudo, em **contradição com a comunicação salvífica de Deus ao homem**. São Paulo escreve que, precisamente por causa do pecado, "a criação... foi submetida à caducidade..., geme e sofre no seu conjunto as dores do parto até ao presente" e "aguarda ansiosamente e revelação dos filhos de Deus".

14. Por isso Jesus Cristo diz no Cenáculo: "É bem para vós que eu vá..."; "Se eu fôr, O enviarei a vós". A "partida" de Cristo mediante a cruz tem a potência da Redenção; e isto significa também uma nova presença do Espírito de Deus na criação: o novo princípio do comunicar-se de Deus ao homem no Espírito Santo. "Porque vós sois seus filhos, Deus enviou aos vossos corações o Espírito do seu Filho que clama: Abbá! Pai!" — escreve o apóstolo São Paulo, na **Carta aos Gálatas**. O Espírito Santo é o **Espírito do Pai**, como testemunham as palavras do discurso de despedida, no Cenáculo. Ele é, simultaneamente, o **Espírito do Filho**: é o **Espírito de Jesus Cristo**, como viriam a testemunhar os Apóstolos e, de modo particular, Paulo de Tarso. No fato de enviar este Espírito "aos nossos corações" começa a realizar-se

o que "a própria criação aguarda ansiosamente" como lemos na **Carta aos Romanos**.

O Espírito Santo vem "**à custa**" da "partida" de Cristo. Se essa "partida", anunciada no Cenáculo, causava a **tristeza dos Apóstolos**, – a qual devia atingir o seu ponto culminante na paixão e na morte de Sexta-Feira Santa – contudo, a mesma "tristeza havia de converter-se em alegria". Cristo, efetivamente, inserirá na sua "partida" redentora a glória da ressurreição e da ascensão ao Pai. Portanto, a tristeza através da qual transparece a alegria, é a parte que cabe aos Apóstolos na conjuntura da "partida" do seu Mestre, uma partida "benéfica", porque graças a ela havia de vir um outro "Consolador". À custa da cruz, operadora da Redenção, vem o Espírito Santo, pelo poder de todo o mistério pascal de Jesus Cristo; e vem para permanecer com os Apóstolos **desde o dia de Pentecostes**, para permanecer com a Igreja e na Igreja e, mediante ela, no mundo.

Deste modo, **realiza-se** definitivamente aquele **novo princípio** da comunicação de Deus uno e trino no Espírito Santo, por obra de Jesus Cristo, Redentor do homem e do mundo.

Fonte: João Paulo II, 1986, grifo do original.

Livro

BOFF, L. **Espírito e missão na obra de Lucas – Atos:** para uma teologia do Espírito. São Paulo: Paulinas, 1996.

Trata-se da pesquisa resultante do estágio pós-doutoral de Lina Boff em Teologia na Pontifícia Universidade Gregoriana. A autora realiza uma análise pormenorizada da relação entre Espírito Santo e missão nos escritos de São Lucas, pois nos escritos lucanos encontramos uma pneumatologia específica, ainda que não sistematizada.

Vídeo

MAÇANEIRO, M. Pentecostes. Entrevista. Disponível em: <https://www.youtube.com/watch?v=iyKPbaZULHs>. Acesso em: 7 jun. 2018.

Entrevista com o Professor Doutor Pe. Marcial Maçaneiro, SCJ no Programa Café Teológico (TV Evangelizar), veiculado no dia 28 de maio de 2017, no qual trata dos elementos bíblicos, teológicos e pastorais imbricados na celebração de Pentecostes à luz da experiência do Espírito Santo que cada cristão realiza em seu cotidiano.

Atividades de autoavaliação

1. Jesus é o Messias. É correto dizer que a expressão *Messias* significa:
   a) Poderoso.
   b) Compassivo.
   c) Ungido.
   d) Glorioso.

2. É correto afirmar que o *pneuma* dos Atos dos Apóstolos diz respeito:
   a) ao Espírito que faz os apóstolos permanecerem no Cenáculo após a sua vinda.
   b) à oração dos apóstolos.
   c) à pregação dos apóstolos após o Pentecostes.
   d) ao espírito que dá vida nova para a missão.

3. É correto afirmar que os elementos pneumatológicos do Evangelho de João referem-se:
   a) a Jesus que dá o Espírito e anuncia o seu envio.
   b) à força que o Espírito concede para a missão.
   c) ao discurso sobre o Pão da Vida.
   d) aos mesmos elementos pneumatológicos do Evangelho de Lucas.

4. Qual das expressões a seguir **não** se refere ao termo *Paráclito*? É correto dizer que essa expressão é:
   a) Defensor.
   b) Precursor.
   c) Advogado.
   d) Consolador.

5. De acordo com os escritos de São Paulo, é correto dizer que a experiência do Espírito Santo:
   a) está vinculada ao Mistério Pascal de Jesus.
   b) está vinculada à missão das primeiras comunidades.
   c) é a mesma descrita no Evangelho de Lucas.
   d) é a experiência de Pentecostes.

6. De acordo com o que vimos neste capítulo, a noção central da pneumatologia paulina é:
   a) missão.
   b) força.
   c) vida no Espírito.
   d) unção.

7. Sabemos que a expressão *ruah* no contexto judaico e no AT comporta vários sentidos. Analise os itens a seguir, que dizem respeito a esses sentidos, e marque V para o(s) verdadeiro(s) e F para o(s) falso(s).
   ( ) Animação, força, energia.
   ( ) Sabedoria, inteligência, temor de Deus.
   ( ) Sopro de Deus.
   ( ) Princípio que anima para a realização do plano de Deus.

Agora, assinale a alternativa que apresenta a sequência correta:
a) V, F, V, V.
b) V, V, V, V.
c) F, F, V, V.
d) F, F, V, F.

8. No contexto do Evangelho de Lucas, a expressão grega *pneuma* tem alguns significados. Analise os itens a seguir, que dizem respeito àquilo que se refere a *pneuma*, e marque V para o(s) verdadeiro(s) e F para o(s) falso(s).
( ) À força de Deus para a missão.
( ) Ao batismo de Jesus.
( ) Ao Espírito de Deus.
( ) Ao seu lado aberto na cruz.

Agora, assinale a alternativa que apresenta a sequência correta:
a) F, F, F, V.
b) V, V, V, F.
c) F, F, V, F.
d) V, F, V, F.

9. O que a pneumatologia do Evangelho de Lucas evidencia? Analise os itens a seguir e marque V para o(s) verdadeiro(s) e F para o(s) falso(s).
( ) *Pneuma*.
( ) Testemunho.
( ) Oração de Jesus.
( ) Missão.

Agora, assinale a alternativa que apresenta a sequência correta:
a) F, V, F, V.
b) V, V, F, V.
c) F, F, V, F.
d) V, F, F, V.

10. Sobre o que a pneumatologia do Livro dos Atos dos Apóstolos evidencia, analise os itens a seguir e marque V para o(s) verdadeiro(s) e F para o(s) falso(s).
    ( ) A comunidade ungida e enviada pelo Espírito para a missão.
    ( ) Os mesmos elementos pneumatológicos do Evangelho de João.
    ( ) O Espírito Santo como protagonista da missão com base em Pentecostes.
    ( ) A pneumatologia presente nos escritos de São Paulo, Apóstolo dos Gentios.

    Agora, assinale a alternativa que apresenta a sequência correta:
    a) V, F, V, F.
    b) F, V, V, F.
    c) V, V, V, F.
    d) F, F, F, V.

11. Estudamos que, no Evangelho de João, Jesus concede o Espírito a determinados grupos e/ou determinadas situações. Sobre isso, analise os itens a seguir e marque V para o(s) verdadeiro(s) e F para o(s) falso(s).
    ( ) Ao soprar sobre Maria e João, aos pés da cruz.
    ( ) Ao participar das bodas de Caná.
    ( ) Ao ter o seu lado aberto na cruz, do qual sai água.
    ( ) Aos apóstolos, após a Ressurreição.

Agora, assinale a alternativa que apresenta a sequência correta:
a) F, V, F, F.
b) F, F, V, V.
c) V, F, V, V.
d) V, V, F, V.

12. A noção de **carisma** nos escritos paulinos está associada a algumas definições. Sobre isso, analise as definições a seguir e marque V para a(s) verdadeira(s) e F para a(s) falsa(s).
( ) Como dom proveniente da graça de Deus.
( ) Como dom para a construção do Corpo de Cristo.
( ) Como dom para o bem comum da Igreja.
( ) Como dom individual, a ser exercitado pelo cristão na esfera individual.

Agora, assinale a alternativa que apresenta a sequência correta:
a) V, F, V, F.
b) F, F, V, F.
c) V, V, V, F.
d) F, V, V, V.

Atividades de aprendizagem

Questão para reflexão

1. Faça a leitura da homilia do Papa Francisco e realize uma reflexão pessoal sobre como é sua relação com o Espírito Santo.
   PAPA: não resistir ao Espírito Santo, acolher surpresas de Deus. **Rádio Vaticano**. 8 maio 2017. Disponível em: <http://arqrio.org/noticias/detalhes/5705/papa-nao-resistir-ao-espirito-santo-acolher-surpresas-de-deus>. Acesso em: 7 jun. 2018.

Atividade aplicada: prática

1. Faça a leitura dos seguintes textos bíblicos e, por meio de um quadro esquemático, compare como o Espírito Santo é apresentado em cada um dos textos:

   - Lc 4,14-19.
   - Jo 16,5-15.
   - Rm 8-,1-17.

5 Notas histórico-dogmáticas da pneumatologia[1]

---

[1] Todas as passagens bíblicas indicadas neste capítulo são citações de Bíblia (2002).

No presente capítulo, procuramos articular elementos históricos e dogmáticos relativos ao tema pneumatológico. Não se apresenta como escopo de nossa obra uma análise integral da evolução histórica do dogma pneumatológico ou mesmo dos estudos sistemáticos concomitantes. Focalizamos, pois, nossa atenção em aspectos que, de alguma forma, evidenciam os pontos que, ao longo dos séculos, foram tratados pelo Magistério e pelos teólogos, seja sob o ponto de vista da sistematização teológico-dogmática, seja das disputas doutrinais.

Destacamos a seguir, portanto, os principais elementos pneumatológicos presentes na tradição patrística, nos Símbolos Apostólico e Niceno-Constantinopolitano e no Concílio Vaticano II. Nas três primeiras seções, o ambiente é da Igreja primitiva. Na quarta seção há uma noção global da pneumatologia contemporânea a partir do Concílio Vaticano II. A quinta seção é uma exposição sistemática acerca da concepção do Espírito Santo como dom e amor do Pai e do Filho, noção esta marcadamente presente na Sagrada Escritura, no Magistério e na Teologia.

5.1 A tradição patrística

Os Santos Padres nos oferecem importantes testemunhos acerca da questão pneumatológica. Na esteira das tradições neotestamentárias e no contexto das disputas teológicas engendradas nos primeiros séculos da Igreja, os Padres proferiram diversas palavras sobre a Pessoa e a ação do Espírito na vida e na missão da Igreja e dos cristãos. Nossa intenção, no texto que segue, é indicar alguns desses posicionamentos, evidenciando, em linhas gerais, uma amostra dos elementos pneumatológicos preconizados no âmbito da Patrística.

a. **Tertuliano (+ 220)**: Segundo Hilberath (2008, p. 445), Tertuliano atribui ao Espírito Santo uma autonomia na dinâmica trinitária. A Terceira Pessoa da Trindade não é apenas Aquela sobre a qual falam o Pai e o Filho. O Espírito, por si mesmo, igualmente fala da Primeira e da Segunda Pessoas divinas.

b. **Orígenes (+ 254)**: Foi o primeiro teólogo da Igreja antiga a abordar sistematicamente o tema pneumatológico. O acento cristológico de sua teologia não ofusca sua Pneumatologia. A atuação do Espírito para Orígenes se dá na atuação da própria Trindade: "o Pai concede às criaturas o ser, o Filho (Logos) as dota de razão e o Espírito as santifica" (Hilberath, 2008, p. 445). Porém, a ação do Espírito no ser humano está condicionada à conversão de vida, à decisão pelo seguimento de Jesus. Isso significa dizer que a comunicação do Espírito não se dá no batismo, mas no processo de aperfeiçoamento que cada cristão realiza para conformar-se a Cristo. Comunica-se o Espírito para a santidade da pessoa na medida em que esta se esforça por converter-se e por manifestar em sua vida um comportamento condizente com a vida de Cristo.

c. **Atanásio (+ 373)**: De acordo com Hilberath (2008, p. 447), Atanásio combate os arianos[2] apresentando o Espírito como Pessoa divina substancialmente pertencente à Trindade. O Espírito Santo é o Espírito do Filho, que o enviou para a nossa santificação a fim de que pudéssemos ter acesso ao Pai. O Espírito não é criatura, pois se assim fosse não teríamos comunhão com Deus por meio dele. É o Espírito Santo, enviado pelo Filho, que nos insere como participantes, em comunhão, da vida divina.

d. **Basílio (+ 379)**: Também Basílio combate os arianos afirmando que o Espírito não é algo intermediário entre Deus e a criação: o Espírito é Senhor e santificador.

e. **Agostinho (+ 430)**: Em *A Trindade* (Livros I-VIII), Agostinho afirma a inexistência de uma separação entre o Pai, o Filho e o Espírito no que tange ao agir e ao ser. Contudo, como se dá a diferenciação das Pessoas nessa unidade essencial? Quanto ao Espírito, Agostinho caracteriza-o como presente (dom) do Pai e do Filho e como comunhão entre ambos. "Essa relação, porém, não aparece claramente nesse nome, mas sim sob o nome de 'Dom de Deus'

---

2 O arianismo, heresia sustentada pelos seguidores de Ário (256-336), presbítero cristão de Alexandria, negava a consubstancialidade entre Jesus e o Pai. Cristo seria um ser preexistente e criado, embora a primeira e mais excelsa de todas as criaturas, que encarnara em Jesus de Nazaré. Jesus estaria subordinado ao Pai e, por conseguinte, não seria Deus.

(At 8,20), pois é Dom do Pai e do Filho [...]. Portanto, o Espírito Santo é como uma comunhão inefável do Pai e do Filho [...]. E para significar a comunhão mútua por uma denominação que convenha aos dois, o Dom de ambos chama-se Espírito Santo" (Agostinho, 1995, p. 205). "O fato de ser dom não representa uma inferioridade do Espírito, visto que esse presentear e ser presenteado estão inseridos na unidade do amor trinitário" (Hilberath, 2008, p. 454). Agostinho igualmente caracteriza o Espírito como o amor do Pai e do Filho. O Espírito como dom, comunhão e amor, no contexto da teologia agostiniana, apresenta consequências eclesiológicas importantes, pois é o Espírito Santo, dado à Igreja pelo Pai e pelo Filho, que gera, no amor, o vínculo de comunhão eclesial. Assim, a Igreja é edificada na unidade pelo Espírito.

5.2 O Símbolo dos Apóstolos

Esse símbolo, que é o resumo fiel da fé apostólica, tem em seu art. 8º: Creio no Espírito Santo. Nessa confissão estão implícitos os elementos bíblicos relativos à Terceira Pessoa da Santíssima Trindade, especialmente aqueles evangélicos sobre o Paráclito prometido e o mandato missionário de Jesus[3].

O Catecismo da Igreja Católica afirma que a Igreja, "comunhão viva na fé dos apóstolos" (CIC, n. 688), é o lugar em que conhecemos o Espírito por meio de diversos lugares:

---

3 Jesus falou aos apóstolos do outro Paráclito (Jo 14,16.26; 15,26); mencionou o Espírito da Verdade (Jo 14,17; 15,26; 16,13), que vem do Pai (Jo 15,26); prometeu o Espírito Santo (Jo 14,26), que o Pai enviaria em seu nome (Jo 14,26). Antes de sua ascensão, lhes deu a ordem de ir por todo o mundo e fazer com que todos se tornassem seus discípulos, batizando-os em nome do Pai e do Filho e do Espírito Santo (Mt 28,19).

a. Escrituras, inspiradas pelo Espírito.
b. Tradição, pelos testemunhos pneumatológicos dos Padres da Igreja.
c. Magistério, assistido pelo Espírito.
d. Liturgia, por meio da comunhão com Cristo pela ação do Espírito.
e. Oração, pela qual o Espírito ora e intercede por nós.
f. Carismas e Ministérios, pelos quais o Espírito edifica a Igreja.
g. Vida Apostólica e Missionária, pois o Espírito é o protagonista da missão eclesial.
h. Testemunho dos Santos, pela santidade do Espírito manifestada em suas vidas.

Seguindo a exposição do CIC, temos que a confissão "Creio no Espírito Santo" nos remete às denominações do mesmo Espírito. Antes disso, porém, vale salientarmos que, para a Igreja, o Espírito Santo é adorado e glorificado com o Pai e o Filho. Ele é Deus, a Terceira Pessoa da Santíssima Trindade. Vejamos: as Três Pessoas divinas são Espírito e são Santíssimas. A natureza espiritual e santa das Três Pessoas refere-se a seus atributos comuns. "Mas ao juntar os dois termos, a Escritura, a Liturgia e a linguagem teológica designam a Pessoa inefável do Espírito Santo, sem equívoco possível com os outros empregos dos termos 'espírito' e 'santo'" (CIC, n. 691). Isso quer dizer: o Espírito Santo é uma Pessoa divina, de modo que os termos do seu nome – referindo-se aos atributos divinos – não indicam apenas esses atributos, mas dizem da Terceira Pessoa da Trindade, igualmente Senhor e Deus.

Dentre as denominações do Espírito Santo presentes na Sagrada Escritura, além de seu nome próprio, temos: *Paráclito, Consolador, Espírito da Verdade, Espírito da promessa, Espírito de adoção, Espírito de Cristo, Espírito do Senhor, Espírito de Deus, Espírito de glória.*

No que tange aos símbolos bíblicos do Espírito Santo, temos:

a. **Água**: Refere-se à ação do Espírito Santo no Batismo, sinal do novo nascimento, pois a água batismal significa nosso nascimento para a vida divina pelo Espírito.
b. **Unção**: A unção com o óleo é o sinal sacramental da Confirmação. Antes disso, Jesus é o Ungido pelo Espírito Santo, é o Messias, que significa propriamente "Ungido". Jesus é constituído Cristo pela unção do Espírito Santo.
c. **Fogo**: No contexto dos Atos dos Apóstolos, o fogo significa a energia do Espírito que transforma. Jesus é o que batiza com o Espírito Santo e com o fogo (Lc 3,16). As línguas de fogo em Pentecostes são sinais da ação transformadora do Espírito (At 2).
d. **Nuvem e a Luz**: No Antigo Testamento (AT), a Nuvem, escura ou luminosa, revelava o Deus vivo e glorioso. No Novo Testamento (NT), o Espírito cobre Maria com sua sombra na anunciação. Na transfiguração, uma nuvem sobrevém sobre Jesus e os apóstolos e dela se ouve a voz do Pai. Por fim, quando da ascensão de Jesus, uma Nuvem o leva aos céus à vista dos discípulos.
e. **Selo**: "Por indicar o efeito indelével da unção do Espírito Santo nos sacramentos do batismo, da confirmação e da ordem, a imagem do selo [...] tem sido utilizada em certas tradições teológicas para exprimir o 'caráter' indelével impresso por estes três sacramentos que não podem ser reiterados" (CIC, n. 698).
f. **Mão**: Nos Atos dos Apóstolos, a imposição das mãos comunica o Espírito Santo. A efusão do Espírito pela imposição das mãos foi conservada pela Igreja nas epicleses sacramentais.
g. **Dedo**: Jesus expulsa os demônios pelo dedo de Deus. O *Veni Creator Spiritus* invoca o Espírito como dedo da direita paterna (*digitus paternae dexterae*).
h. **Pomba**: No batismo de Jesus, desce sobre Ele o Espírito em forma de pomba. Em certas igrejas, a reserva eucarística é mantida no

columbarium: um recipiente metálico em forma de pomba. O símbolo da pomba como referente ao Espírito Santo é tradicional na iconografia cristã.

5.3 Símbolo Niceno-Constantinopolitano

Nasceu dos dois primeiros Concílios Ecumênicos (Niceia, em 325, e Constantinopla, em 381) e ainda hoje seu texto é comum a todas as Igrejas do Oriente e do Ocidente. É mais explícito e detalhado que o Símbolo Apostólico. O texto do art. 8º, sobre o Espírito Santo, é atribuído ao Concílio reunido em Constantinopla, nos meses de maio-junho do ano 381, contra as novas formas do arianismo, rejeitado em Niceia, em 325.

Sobre o Espírito Santo, o Símbolo Niceno-Constantinopolitano professa:

a. O Espírito Santo é Senhor, é *Kyrios* (2Cor 3,17). Esse termo é atribuído a Jesus, pois ele é o Senhor (1Cor 12,3). O Espírito é igualmente Deus e Senhor, adoração e glorificado com o Pai e o Filho. Em face da santidade de Deus, os israelitas não pronunciavam seu nome e o substituíam por *Adonai*, em grego *Kyrios*, o "Senhor". Todavia, o presente símbolo não afirma a consubstancialidade do Espírito com o Pai e o Filho.

b. O Espírito é o Vivificante (LG, n. 4), o *Zôopion*, o doador da vida (Jo 6,63). O Evangelho de João condiciona a vida nova que nos é dada à ação do Espírito Santo, tal como nos episódios de Nicodemos (Jo 3,1-21) e da samaritana (Jo 4,1-25). O Espírito é quem vivifica e renova os cristãos e a Igreja.

c. **O Espírito procede do Pai e do Filho.** Segundo Kloppenburg (1998, p. 24), em Jo 15,26 Jesus afirma que o Paráclito procede do Pai. Porém, a origem do Espírito está conectada com a origem do Filho. O IX Concílio de Toledo (não ecumênico), de 675, citado no CIC n. 245, explica: "o Espírito Santo, que é a Terceira Pessoa da Trindade, é Deus, Uno e igual ao Pai e ao Filho, da mesma substância e também da mesma natureza. Por isso, não se diz somente que é o Espírito do Pai, mas, ao mesmo tempo, o Espírito do Pai e do Filho".
d. **O Espírito com o Pai e o Filho é adorado e glorificado.** O Espírito é com o Pai e o Filho o mesmo e único Deus. Afirma-se implicitamente a consubstancialidade do Espírito com o Pai e o Filho. Na Encíclica *Divinum Illud Munus*, de 1897, o Papa Leão XIII observa que a Igreja sempre adora e glorifica o conjunto das Três Pessoas e não admite uma solenidade especial, para homenagear o Pai ou para honrar unicamente a natureza divina do Filho ou do Espírito.
e. **O Espírito falou pelos profetas.** No Decreto *Ad Gentes* consta: "Não resta dúvida de que o Espírito já atuava no mundo antes da glorificação de Cristo" (AG, n. 4).

5.4 A pneumatologia do Concílio Vaticano II

O Concílio Vaticano II, como proeminente acontecimento eclesial contemporâneo, evidenciou de modo singular em seus textos a Pessoa e a ação do Espírito Santo, a Terceira Pessoa da Santíssima Trindade. Podemos afirmar que o evento conciliar tornou-se um marco, por assim dizer, do resgate da Pessoa do Espírito na vida da Igreja. Para o aprofundamento desse resgate e reposicionamento da pneumatologia a partir do Vaticano II, apresentamos ao final da presente seção a conferência proferida por Yves Congar no Congresso Internacional de Pneumatologia realizado em Roma no ano de 1982.

Há nos textos do Concílio 258 referências ao Espírito Santo, entre as quais destacamos a seguir as mais significativas, que servem de base para a compreensão da pneumatologia conciliar.

O número 4 da Constituição Dogmática *Lumen Gentium* – "O Espírito santificador e vivificador da Igreja" – é o que trata mais propriamente da Pessoa do Espírito nos termos de sua missão. Trata-se do texto conciliar mais denso acerca do Espírito Santo. Significativa é a afirmação que encerra o referido número, tomada de São Cipriano: "A Igreja é pois 'o povo unido pela unidade mesma do Pai, do Filho e do Espírito Santo'" (LG, n. 4). Há, nesse número da *Lumen Gentium*, 13 verbos que se referem diretamente ao Espírito Santo e que nos possibilitam compreender sua missão na Igreja e sua ação na vida dos homens e mulheres:

1. **Santificar:** No Pentecostes, o Espírito foi enviado para a santificação perene da Igreja. Nele temos acesso ao Pai por meio de Cristo. O Espírito nos santifica e, por conseguinte, leva-nos a participar da comunhão da Trindade Santíssima.
2. **Oferecer (a vida eterna):** O Espírito é Aquele ao qual Jesus se refere ao mencionar a fonte de água que jorra para a vida eterna (cf. Jo 4,14; 7,38-39). Se Jesus é o Salvador e o Espírito nos conforma a Cristo, faz-nos participantes de sua vida, é o Espírito Santo que nos introduz na salvação e na vida eterna em Cristo.
3. **Vivificar:** Pelo Espírito Santo, o Pai vivifica os homens mortos pelo pecado. Ele é o princípio que nos anima, é o doador da vida divina.
4. **Habitar:** O Espírito habita na Igreja e nos corações dos fiéis como num templo (cf. 1Cor 3,16; 6,19).

5. **Orar:** O Espírito Santo ora nos corações dos fiéis (cf. Gl 4,6; Rm 8,15-16.26). Na oração, Ele vem em socorro da nossa fraqueza, pois, habitando em cada coração, perscruta-o.
6. **Testemunhar:** O Espírito Santo dá testemunho de que somos filhos adotivos, "porque o amor de Deus foi derramado em nossos corações pelo Espírito Santo que nos foi dado" (Rm 5,5).
7. **Guiar:** O Espírito Santo guia a Igreja ao conhecimento de toda a verdade (cf. Jo 16,13). Ele assiste o Magistério em sua missão de interpretar o dado da Revelação e assiste os fiéis por meio do senso da fé (*sensus fidei*).
8. **Unificar:** O Espírito Santo unifica a Igreja na comunhão e no ministério. Ele é o princípio da unidade da Igreja – unidade que não é uniformidade. Ele unifica a Igreja por meio da comunhão trinitária.
9. **Dirigir:** O Espírito Santo dirige a Igreja com dons hierárquicos e carismáticos, vinculados entre si para o governo e para a edificação da Igreja no serviço e no bem comum.
10. **Adornar:** O Espírito Santo adorna a Igreja com seus frutos (cf. Ef 11-12; 1Cor 12,4; Gl 5,22). Tais frutos são expressão da vida no Espírito, vida de santidade e comunhão.
11. **Rejuvenescer:** O Espírito Santo rejuvenesce a Igreja, renova-a continuamente à luz da Igreja nascente em Pentecostes e estabelece o movimento eclesial de contínuo retorno às fontes.
12. **Renovar:** O Espírito Santo renova incessantemente a Igreja, concedendo-lhe a audácia e a coragem para o anúncio integral do Evangelho em face dos diversos contextos.
13. **Conduzir:** O Espírito Santo conduz a Igreja à consumada união com seu Esposo, pois o Espírito e a Esposa dizem ao Senhor Jesus: Vem! (cf. Ap 22,17). Trata-se da ação do Espírito em perspectiva escatológica.

A Constituição Dogmática *Lumen Gentium* trata da relação entre o Espírito Santo e os carismas[4]. Os carismas são elementos decorrentes da natureza da Igreja e constituintes de sua missão. O Espírito, princípio da comunhão e da santidade da Igreja, "com os diversos dons hierárquicos e carismáticos, a instrui, dirige e enriquece com seus frutos [...]" (LG, n. 12). O mesmo Espírito, que guia o Povo de Deus, "distribui graças especiais aos fiéis das mais variadas condições, tornando-os aptos e dispostos a assumir os trabalhos e funções úteis à renovação e ao maior desenvolvimento da Igreja [...]" (LG, n. 12). Com isso, o magistério conciliar reafirma, por um lado, o protagonismo de todo batizado no anúncio do Reino e da salvação – pois a iniciativa livre do Espírito concede a quem lhe aprouver dons carismáticos – e, por outro, a harmonia entre carismas e a hierarquia com vistas à unidade, à renovação e à edificação da Igreja. Em ambos os casos, verifica-se a primazia do Espírito como dom e como princípio da comunhão e da santidade da Igreja.

Em *Evangelii Gaudium*, Francisco apresenta uma definição de carisma à luz do Vaticano II: "são presentes do Espírito integrados no corpo eclesial, atraídos para o centro que é Cristo, de onde são canalizados num impulso evangelizador" (EG, n. 130). A integração dos

---

[4] Distinção importante, ainda que não se encontre estritamente no escopo do presente trabalho, é aquela entre dons e carismas do Espírito Santo. Os sete dons do Espírito – sabedoria, inteligência, conselho, fortaleza, ciência, piedade e temor de Deus – "completam e levam à perfeição as virtudes daqueles que os recebem" (CIC, n. 1831). Referem-se, pois, à graça do Espírito que torna os fiéis dóceis e abertos para a escuta e vivência da Palavra, Jesus Cristo, o Evangelho do Pai. Em sentido lato, podemos afirmar que tais **dons** são a graça do Espírito Santo para a santificação pessoal, vocação universal dos cristãos (cf. LG, n. 39) a partir do batismo. Já os **carismas** são do mesmo modo dons do Espírito, extraordinários ou simples, "que têm uma utilidade eclesial, pois são ordenados à edificação da Igreja, ao bem dos homens e às necessidades do mundo" (CIC, n. 799). Em 1Cor 12,1-11 e em Rm 12,4-8, São Paulo apresenta os carismas do Espírito, sempre vinculando-os à edificação do Corpo de Cristo, que é a Igreja, e ao bem comum. "Ainda que os carismas sejam disponíveis a todos os crentes, tornam-se operantes quando os cristãos se entregam confiantes ao poder do Espírito Santo, proclamando o Evangelho e servindo uns aos outros. Os carismas manifestam a criatividade do Espírito; são dons generosamente dados e muitas vezes ultrapassam toda expectativa. Tanto os carismas mais extraordinários (tais como curas, milagres, profecias e línguas) quanto aqueles considerados mais ordinários (tais como serviço, ensino, exortação, distribuição de donativos, presidência e obras de misericórdia) são vitais para o ser e a missão da Igreja" (Não entristeçais..., 2016, p. 48).

carismas na Igreja tem por razão primeira, como vimos, o próprio Espírito, que distribui tais dons para renová-la e edificá-la, conferindo-lhe unidade. Para Francisco, na esteira da doutrina conciliar, a eclesialidade de um carisma indica sua autenticidade, ou seja, é um carisma do Espírito aquele que está integrado harmoniosamente à vida do povo de Deus. Não é um carisma do Espírito aquele que se afirma a si mesmo em detrimento de outros carismas, conforme aponta em EG (n. 130), o que seria uma tentativa infundada de manipular ou mesmo absolutizar a ação do Espírito na Igreja. À medida que um carisma, suscitado pelo Espírito, está orientado e orienta para Cristo, sempre mais a Igreja será testemunha da comunhão cuja fonte é a Trindade e a finalidade é a maior glória do Pai que nos ama. A comunhão dos carismas tem por pressuposto a ação do Espírito. Francisco, em *Evangelii Gaudium*, ensina:

> As diferenças entre as pessoas e as comunidades por vezes são incômodas, mas o Espírito Santo, que suscita essa diversidade, de tudo pode tirar algo de bom e transformá-lo em dinamismo evangelizador que atua por atração. A diversidade deve ser sempre conciliada com a ajuda do Espírito Santo; só Ele pode suscitar a diversidade, a pluralidade, a multiplicidade e, ao mesmo tempo, realizar a unidade. (EG, n. 131)

Também o *Documento de Aparecida* (DAp) explicita a realidade dos carismas como dons do Espírito na perspectiva da missionariedade da Igreja, sem a qual, igualmente para o Vaticano II, não é possível uma adequada abordagem teológica e pastoral dos carismas: "a partir de Pentecostes, a Igreja experimenta de imediato fecundas irrupções do Espírito, vitalidade divina que se expressa em diversos dons e carismas (cf. 1Cor 12,1-11) e variados ofícios que edificam a Igreja e servem à evangelização (cf. 1Cor 12,28-29)" (DAp, n. 150).

Na Constituição Dogmática *Dei Verbum* (DV), temos uma referência ao ato de fé pelo qual o homem se entrega livremente a Deus pela ação do Espírito Santo:

> Essa prestação de fé não se faz sem o auxílio anterior da graça de Deus e o suporte interior do Espírito Santo, que leva o coração à conversão para Deus, abre os olhos da mente e dá "a todos o gosto de acolher a verdade e acreditar nela". O Espírito Santo, com os seus dons, vai aperfeiçoando a fé, para que entenda a revelação de modo cada vez mais profundo. (DV, n. 5)

O Decreto *Ad Gentes* (AG, n. 4) assim como a *Lumen Gentium*, descreve a missão do Espírito Santo. Nele encontramos nove afirmações pertinentes à ação do Espírito na atividade missionária da Igreja:

1. O Espírito já atuava no mundo antes da glorificação de Cristo, Ele que falou pelos profetas[5].
2. Em Pentecostes, o Espírito manifestou publicamente a Igreja e inaugurou sua atividade missionária a partir do anúncio querigmático dos apóstolos.
3. Os Atos dos Apóstolos em Pentecostes podem ser compreendidos à luz da descida do Espírito sobre Maria – pela qual Cristo foi concebido – e à luz do mesmo Cristo sobre o qual desceu o Espírito para o impelir à consecução de seu ministério.
4. A promessa do envio do Espírito Santo feita por Jesus está associada essencialmente ao seu ministério e ao ministério missionário dos apóstolos.
5. O Espírito unifica a Igreja na comunhão e no ministério, distribuindo-lhe dons hierárquicos e carismáticos para o governo e a edificação eclesial.
6. O Espírito vivifica a Igreja como sua alma.

---

5 Cf. art. 8º do Símbolo Niceno-Constantinopolitano.

7. O Espírito motiva interiormente os fiéis à missão, assim como ungiu e impeliu Cristo para a missão de anunciar a salvação e o Reino de Deus.
8. Por vezes, o Espírito também antecipa visivelmente a ação apostólica.
9. O Espírito acompanha, orienta e dirige a ação apostólica da Igreja, porque é Ele o protagonista da missão.

5.5 O Espírito Santo, dom e amor do Pai e do Filho

Atesta-nos a Sagrada Escritura que o amor do Pai revelado em Cristo é atualizado no Espírito Santo. Para Juncos e Liberti (2015, p. 55), o encontro entre Deus e o homem, por meio do qual este último descobre o amor do Pai, dá origem a um processo que exige uma renovação constante ao longo da vida de cada pessoa que vivencia essa experiência. A transformação interior, pautada na novidade do Evangelho, é a condição perene para a santidade, para a vida no Espírito (Rm 8,1-17). A ação do Espírito Santo vivifica e renova nos homens e nas mulheres a imagem do Pai manifestada no amor do Filho. É o Espírito que nos leva a aceitar a salvação e que faz penetrar o Evangelho nos corações; é no Espírito Santo que damos testemunho de Deus revelado por Jesus Cristo. Ademais, é o Espírito que permite discernir os sinais dos tempos, sinais de Deus, que a Igreja descobre e valoriza na história.

O Espírito Santo é o doador da vida divina, o Vivificante (Jo 6,63), o Dom do Pai e do Filho para a nossa santificação. Segundo Cantalamessa (2014, p. 173), a vida que é dada pelo Espírito não é outra senão a vida de Cristo, a vida pascal. A vida no Espírito é, portanto, participação na vida de Jesus: o Espírito é o Dom de Deus que nos conforma a Cristo; e sendo Cristo o enviado do Pai, participamos, no Espírito, da sua missão; e o mesmo Espírito, renovando-nos e santificando-nos, faz-nos descobrir o amor salvífico do Pai assim como estabelece a comunhão do Pai e do Filho. Esse duplo movimento do Espírito como dom do Pai e do Filho é expresso sinteticamente pela *Gaudium et Spes*: "Pelo dom do Espírito Santo, na fé, o ser humano tem acesso ao mistério do desígnio divino, contemplando-o e, de certa maneira, experimentando-o" (GS, n. 15).

A Igreja preconiza a concepção e a experiência do Espírito como dom porque Ele é o Espírito de Cristo, aquele que o impeliu a anunciar o Evangelho e que igualmente nos impele, pois nos é dado por meio de Jesus. Dessa experiência – do dom do Espírito – decorre a missão da Igreja de anunciar e testemunhar Jesus Cristo à humanidade. Assim, valoriza-se sobremaneira a concepção de Espírito como dom, concepção que fundamenta o ser e o agir da Igreja: Ele é o dom do Pai e do Filho, dom que atua no crente e na Igreja inteira gerando santidade, como vida transformada pela ação do Espírito, e comunhão, pois a Igreja é, em Cristo, participação no mistério de comunhão trinitário.

Como dom, o Espírito Santo é também o amor do Pai e do Filho. É Ele a força que encoraja o discípulo missionário a comunicar a experiência do encontro pessoal e transformador que vivenciou com o Deus-Amor. Nesse sentido, *Evangelii Gaudium* põe em destaque o amor de Deus reportando-o à Pessoa do Espírito Santo.

> É o Espírito Santo, enviado pelo Pai e o Filho, que transforma os nossos corações e nos torna capazes de entrar na comunhão perfeita da Santíssima Trindade, onde tudo encontra a sua unidade. O Espírito Santo constrói a comunhão e a harmonia do povo de Deus. Ele mesmo é a harmonia, tal como é o vínculo de amor entre o Pai e o Filho. (EG, n. 117)

A experiência do amor do Pai, em Cristo, só é possível pela ação do Espírito Santo. Razão disso é que o Espírito é o próprio amor do Pai e do Filho. A centralidade do amor de Deus e do encontro pessoal com Cristo como condição para a experiência desse amor tem seu ponto de apoio na Pessoa do Espírito Santo, porque é Ele que nos faz participantes da comunhão trinitária. Sendo essa uma comunhão de amor, temos que o Espírito Santo é o amor. Conforme nos indica *Evangelii Gaudium*, Deus "envia o seu Espírito aos nossos corações, para nos fazer seus filhos, para nos transformar e tornar capazes de responder com a nossa vida ao seu amor" (EG, n. 112). São Paulo escreve sobre essa realidade aos Romanos: "porque o amor de Deus foi derramado em nossos corações pelo Espírito Santo que nos foi dado" (Rm 5,5).

A "interioridade entre o Espírito e o fiel é amor: provoca união por meio do Pai e do Filho. Ele está presente enquanto comunhão de pessoas [...]. Ele é comunhão, o amor que 'amorifica'. Por meio de sua presença o fiel pertence a Cristo (Rm 8,9)" (Hackmann, 2013, p. 303). Para Cantalamessa (2014, p. 213), o Espírito Santo é Aquele de quem fala a Escritura: "Deus é amor" (1Jo 4,8.16). Em Deus tudo é amor, mas o Espírito Santo, Pessoa Divina, também o é em sentido pessoal. Se o amor "procede de Deus" (1Jo 4,7), é justamente o Espírito que procede de Deus como amor. De acordo com *Evangelii Gaudium*: "As obras de amor ao próximo são a manifestação externa mais perfeita da graça interior do Espírito: 'O elemento principal da Nova Lei é a graça do Espírito Santo, que se manifesta através da fé que opera pelo amor'"[6] (EG, n. 37).

Como dom, o Espírito é enviado aos nossos corações para nos fazer filhos; é Ele que nos torna semelhantes a Cristo, santifica-nos; é Ele que nos concede ser testemunhas do Evangelho; é Ele que torna os cristãos evangelizadores; é Ele, enfim, o princípio da comunhão eclesial. Como

---

[6] Referência de *Evangelii Gaudium* à *Summa Theologica* (Summa Theologica – II, q. 108, a. 1).

amor, o Espírito nos insere na dinâmica missionária radical da Igreja, pois a fonte da ação evangelizadora é o encontro com o amor de Deus que, devolvendo-nos o sentido da vida, gera em nós um desejo incontido de comunicar esse amor aos outros. Ora, se o Espírito Santo é a alma da Igreja, Ele é o amor fontal, amor do Pai e do Filho, de quem procede o mesmo Espírito.

A constituição dogmática *Lumen Gentium* assim exprime essa dupla dinâmica do Espírito:

> Cristo, filho de Deus, celebrado como o 'único santo' [...] uniu-se a ela [à Igreja] como a seu corpo e a santificou, com o **dom do Espírito**, para a glória de Deus. Todos pois, na Igreja [...] são chamados à **santidade** [...] A **santidade** da Igreja se manifesta de direito e de fato nos muitos e variados frutos da graça, que o **Espírito** faz brotar nos fiéis, quando tendem para a **perfeição do amor** em suas vidas. A **santidade** da Igreja se manifesta de maneira especial na prática dos conselhos chamados **evangélicos**, assumidos particular ou publicamente por muitos fiéis, sob a **moção do Espírito**, os quais dão ao mundo **testemunho** e **exemplo de santidade**. (LG, n. 39, grifo nosso)

O Espírito Santo, recebido como dom, é penhor e testemunha do amor com que Deus nos ama. No Espírito, amamos nossos irmãos com o mesmo amor com que o Pai ama o Filho. Amar os irmãos, nesse sentido, é comunicar-lhes o Amor, anunciar-lhes o Evangelho, o mesmo que experimentamos existencialmente por obra do Espírito Santo.

> Ser santo significa pertencer fundamentalmente a Deus em Jesus Cristo e na sua Igreja, ser batizado e viver a fé no poder do Espírito Santo. A santidade é, de fato, uma participação na vida de Deus, Pai, Filho e Espírito Santo, e ela contém o amor de Deus e o amor ao próximo, obediência à vontade de Deus e o compromisso a favor de cada ser humano. (CTI, 2014, n. 99)

Miranda (1998, p. 166-167) nos auxilia na compreensão da relação entre o Espírito como dom e o Espírito como amor do Pai e do Filho:

> a plenitude da verdade é o amor que é Deus (1Jo 4,8) e que se revela em Jesus Cristo, sendo o Espírito no seio da Trindade este amor recíproco entre o Pai e o Filho. [...]
>
> Assim só pode chegar à "verdade plena" que é esta vida, que é este amor de Deus manifesto na História, aquele que, acolhendo o Espírito, passa a viver este amor teologal (de Deus). [...] a ação do Espírito, como Aquele que introduz na e interpreta a verdade que é Jesus Cristo, não se enquadra numa atividade meramente racional. Acolher o Espírito de Cristo (Rm 8,9) implica traduzir na vida o seu dinamismo de amor. Com outras palavras, o seguimento real de Cristo é condição, sem mais, para conhecê-lo. E como este configurar-se com Cristo é obra do Espírito que inspira e capacita nossa liberdade, tanto mais se torna perceptível a atuação do Espírito quanto mais vivermos a existência de Cristo, uma "existência no Espírito" no sentido mais profundo da expressão.

O Espírito Santo é prioritariamente o Espírito Amor-Dom, ou seja, o Espírito dado à Igreja que nos concede experienciar o amor de Deus em Cristo para assumirmos seu programa de vida e comunicarmos tal experiência aos homens e às mulheres na missão. Nas palavras de João Paulo II em *Dominum et Vivivicantem* (1986):

> Na sua vida íntima Deus "é Amor", amor essencial, comum às três Pessoas divinas: amor pessoal é o Espírito Santo, como Espírito do Pai e do Filho. Por isso ele "perscruta as profundezas de Deus", como Amor-Dom incriado. Pode dizer-se que, no Espírito Santo, a vida íntima de Deus uno e trino se torna totalmente dom, permuta de amor recíproco entre as Pessoas divinas; e ainda, que no Espírito Santo Deus "existe" à maneira de Dom. O Espírito Santo é a expressão pessoal desse doar-se, desse ser-amor. É Pessoa-Amor. É Pessoa-Dom. (DeV, n. 10)

Síntese

- Tertuliano atribui ao Espírito Santo uma autonomia na dinâmica trinitária. O Espírito, por si mesmo, fala da Primeira e da Segunda Pessoas divinas.
- Para Orígenes, a ação do Espírito no ser humano está condicionada à conversão de vida, à decisão pelo seguimento de Jesus.
- Para Atanásio, o Espírito Santo é o Espírito do Filho, que o enviou para a nossa santificação a fim de que pudéssemos ter acesso ao Pai.
- Basílio afirma que o Espírito não é algo intermediário entre Deus e a criação: o Espírito é Senhor e santificador.
- Quanto ao Espírito, Agostinho caracteriza-o como presente (dom) e amor do Pai e do Filho, como comunhão entre ambos.
- O Símbolo dos Apóstolos, que é o resumo fiel da fé apostólica, professa em seu art. 8º: "Creio no Espírito Santo".
- A Igreja é o lugar em que conhecemos o Espírito por meio das Escrituras, inspiradas pelo Espírito; da Tradição, pelos testemunhos pneumatológicos dos Padres da Igreja; do Magistério, assistido pelo Espírito; da Liturgia, pela comunhão com Cristo pela ação do Espírito; da Oração, pela qual o Espírito ora e intercede por nós; dos Carismas e Ministérios, pelos quais o Espírito edifica a Igreja; da Vida Apostólica e Missionária, pois o Espírito é o protagonista da missão eclesial; e do Testemunho dos Santos, pela santidade do Espírito manifestada em suas vidas.
- As denominações do Espírito Santo presentes na Sagrada Escritura são: Paráclito, Consolador, Espírito da Verdade, Espírito da promessa, Espírito de adoção, Espírito de Cristo, Espírito do Senhor, Espírito de Deus, Espírito de glória.
- Os símbolos bíblicos do Espírito Santo são: água, unção, fogo, nuvem, luz, selo, mão, dedo e pomba.

- O Símbolo Niceno-Constantinopolitano professa a fé da Igreja no Espírito Santo em seu art. 8º: o Espírito Santo é Senhor, é *Kyrios*; o Espírito é o Vivificante, o *Zôopion*, o doador da vida (Jo 6,63); o Espírito procede do Pai e do Filho; o Espírito com o Pai e o Filho é adorado e glorificado; o Espírito falou pelos profetas.
- O número 4 da Constituição Dogmática *Lumen Gentium* é o que trata mais propriamente da Pessoa do Espírito nos termos de sua missão no âmbito do Concílio Vaticano II. Há, nesse número da LG, 13 verbos que se referem diretamente ao Espírito Santo e que nos possibilitam compreender sua missão na Igreja e sua ação na vida dos homens e mulheres: santificar, oferecer, vivificar, habitar, orar, testemunhar, guiar, unificar, dirigir, adornar, rejuvenescer, renovar e conduzir.
- O número 12 da LG trata da relação entre o Espírito Santo e os carismas. Os carismas são elementos decorrentes da natureza da Igreja e constituintes de sua missão. O Espírito, princípio da comunhão e da santidade da Igreja, "enriquece-a Ele e guia-a com diversos dons hierárquicos e carismáticos e adorna-a com seus frutos" (LG, n. 4).
- Em *Evangelii Gaudium*, Francisco apresenta uma definição de carisma à luz do Vaticano II: "[...] são presentes do Espírito integrados no corpo eclesial, atraídos para o centro que é Cristo, de onde são canalizados num impulso evangelizador" (EG, n. 130).
- Segundo o ensino da Evangelli Gaudium, as diferenças entre as pessoas e as comunidades por vezes são incômodas, mas o Espírito Santo, que suscita essa diversidade, de tudo pode tirar algo de bom e transformá-lo em dinamismo evangelizador que atua por atração. A diversidade deve ser sempre conciliada com a ajuda do Espírito Santo; só Ele pode suscitar a diversidade, a pluralidade, a multiplicidade e, ao mesmo tempo, realizar a unidade (EG, n. 131).
- O Decreto *Ad Gentes* (AG, n. 4), assim como a *Lumen Gentium*, descreve a missão do Espírito Santo. Nesse número encontramos nove afirmações pertinentes à ação do Espírito na atividade missionária da Igreja.

- Atesta-nos a Sagrada Escritura que o amor do Pai revelado em Cristo é atualizado no Espírito Santo.
- A ação do Espírito Santo vivifica e renova nos homens e nas mulheres a imagem do Pai manifestada no amor do Filho. É o Espírito que nos leva a aceitar a salvação e que faz penetrar o Evangelho nos corações; é no Espírito Santo que damos testemunho de Deus revelado por Jesus Cristo.
- O Espírito Santo é o doador da vida divina, o Vivificante, o Dom do Pai e do Filho para a nossa santificação. A vida no Espírito é, portanto, participação na vida de Jesus: o Espírito é o Dom de Deus que nos conforma a Cristo; e sendo Cristo o enviado do Pai, participamos, no Espírito, da sua missão; e o mesmo Espírito, renovando-nos e santificando-nos, faz-nos descobrir o amor salvífico do Pai assim como estabelece a comunhão do Pai e do Filho.
- Como dom, o Espírito Santo é também o Amor do Pai e do Filho. É Ele a força que encoraja o discípulo missionário a comunicar a experiência do encontro pessoal e transformador que vivenciou com o Deus-Amor.
- Conforme ensina o Papa Francisco, "É o Espírito Santo, enviado pelo Pai e o Filho, que transforma os nossos corações e nos torna capazes de entrar na comunhão perfeita da Santíssima Trindade, onde tudo encontra a sua unidade. O Espírito Santo constrói a comunhão e a harmonia do povo de Deus. Ele mesmo é a harmonia, tal como é o vínculo de amor entre o Pai e o Filho" (EG, n. 117).
- Como dom, o Espírito é enviado aos nossos corações para nos fazer filhos; é Ele que nos torna semelhantes a Cristo, santifica-nos; é Ele que nos concede ser testemunhas do Evangelho; é Ele que torna os cristãos evangelizadores; é Ele, enfim, o princípio da comunhão eclesial.
- Como amor, o Espírito nos insere na dinâmica missionária radical da Igreja, pois a fonte da ação evangelizadora é o encontro com o amor de Deus que, devolvendo-nos o sentido da vida, gera em nós um desejo incontido de comunicar esse amor aos outros.

- O Espírito Santo é prioritariamente o Espírito Amor-Dom, ou seja, o Espírito dado à Igreja que nos concede experienciar o amor de Deus em Cristo para assumirmos seu programa de vida e comunicarmos tal experiência aos homens e às mulheres na missão.

Indicações culturais

Para aprofundamento do conteúdo do capítulo, confira as indicações a seguir.

> CONGAR, Y. Atualidade da Pneumatologia. In: MARTINS, J. S. (Org.). **Credo in Spiritum Sactum**. Atti del Congresso Teológico Internazionale di Pneumatologia. Roma: Libreria Editrice Vaticana, 1982. p. 15-28.
>
> No ano de 1982, foi realizado em Roma um Congresso Teológico Internacional de Pneumatologia, que reuniu os especialistas da área naquele momento histórico. O discurso de abertura do Congresso foi realizado pelo padre dominicano Yves Congar, OP, certamente um dos maiores teólogos contemporâneos e um dos mais renomados pneumatólogos de nosso tempo. Reproduzimos a seguir a primeira parte do texto desse discurso, que é uma magnífica síntese de pneumatologia à luz de sua importância atual para a vida da Igreja.

"Durante o concílio do Vaticano II, o Secretariado para a Unidade fazia toda terça-feira, na sede do Centro Ecumênico Unitas, na Via Santa Maria dell'Anima, uma reunião com os Observadores em que se explicavam e discutiam as questões que a assembleia conciliar estava estudando ou se preparava para tratar. Ora, os observadores protestantes, ortodoxos e anglicanos censuraram muitas vezes os textos do Concílio, por não serem satisfatório do ponto de vista de sua pneumatologia. Essa crítica foi muitas vezes levada em conta. Paulo VI assinalou que existem 258 menções do Espírito

Santo nos textos do Vaticano II. Será isso suficiente para fundar uma pneumatologia? Um autor protestante dizia, por exemplo, que a *Lumen Gentium* havia sido "polvilhada" de Espírito Santo, como se põe açúcar em pó sobre um bolo. Creio, estou mesmo certo de que isso é injusto, como veremos em breve e numa exposição formal desse congresso. Mas isto, ao menos, nos mostra que não basta mencionar o Espírito Santo para ter uma pneumatologia.

Qual era a situação na época moderna, até esses últimos 20 anos? Herdamos dos Padres e da grande escolástica uma teologia da terceira Pessoa em que o debate com os Ortodoxos privilegiou a questão da processão do Espírito Santo "a Patre Filioque". Quanto à obra atribuída ao Espírito Santo, desenvolveram-se dois aspectos: no que diz respeito à Igreja como tal, o Espírito era visto sobretudo como responsável pela infalibilidade e pela continuidade da Tradição. No que diz respeito aos fiéis, interessava-nos a habitação do Espírito Santo nas almas, e ainda mais os seus sete dons. O tratado da graça mal se ligava ao Espírito Santo: falávamos sempre da graça de Cristo. Nada é mais característico dessa dicotomia entre a instituição Igreja e a vida interior das almas individuais do que talvez a obra do cardeal Manning que achava um dever falar do Espírito Santo.

A distribuição do Símbolo em 12 ou 14 artigos herdada da Idade Média corre o risco de haver prejudicado a teologia do Espírito, atomizando o texto do símbolo. É preferível, e mais conforme à estrutura do Símbolo, a divisão em três artigos, o terceiro começando com "Eu creio no Espírito Santo" e compreendendo toda a sequência até "a vida do século que vem". O Espírito aparece então como aquele que fez a Igreja una, santa, católica e apostólica. Ele é o motor do acabamento do mundo até a escatologia. Assim considerado, o terceiro artigo adquire uma amplidão cósmica. Mas nossa teologia era pouco animada pelo sentido escatológico, fragmentado nos quatro capítulos do "De ultimis rebus".

O segundo concílio do Vaticano começou a resgatar a dimensão pneumatológica da Igreja, tanto em si mesma como na sua relação com o cosmo. Começou, dizemos. Pois aqui, como em muitas outras coisas, Vaticano II ficou a meio-caminho, mas semeou na Igreja novos germes vivos, que desde então estão frutificando. Veja-se, por exemplo, o lugar reconhecido aos carismas, a atenção dada à teologia das Igrejas locais, a admissão ainda que muito discreta da pluralidade dos ministérios, ao que é dito do "sensus fidei" e da ação do Espírito na história do mundo... Quem sabe – e isso seria um estudo a fazer – a visão de Deus que esteve presente no Vaticano I? Coincide talvez com o que Heribert Mühlen chamou de "monoteísmo pré-trinitário"? Vaticano II, ao contrário, tem uma visão nitidamente trinitária. Restaurou a visão que tinham os Padres dos séculos IV e V, como o sublinhou João Paulo II. Esta atitude lhe confere um grande valor ecumênico.

Desde o concílio que a causa do Espírito Santo faz notáveis progressos. Primeiro no que diz respeito às fontes: bíblia, liturgia, padres e magistério. Os estudos teológicos, aproveitando o estímulo e as contribuições do diálogo ecumênico têm se voltado seja para o momento pneumatológico da cristologia, para a retomada da questão da processão do Espírito, para a contemplação de seu mistério e de sua ação, para o desenvolvimento, enfim, de sua relação com a História, com a Escatologia e com o Reino de Deus. Pessoalmente temos feito com regularidade a resenha das obras de pneumatologia, em que aparecem inúmeras obras alemãs. Numa perspectiva mais ampla, é importante observar a que a inspiração trinitária que anima cada vez mais a espiritualidade, devido, ao que parece, em parte pelo menos, à presença de ortodoxos e ao uso do vernáculo na liturgia. É verdade que essa espiritualidade só atinge uma pequena parte dos fiéis. Fico, porém, impressionado e me inquieto pelo número de profissões de fé propostas por fiéis, e às vezes até por grupos, em que o Espírito Santo é quase esquecido. O próprio "Deus" é apenas citado. Tudo é quase que unicamente cristológico, senão "jesuânico", centrado sobre "Jesus de Nazareth", "homem-para-os-outros"...

Como não lembrar aqui a corrente dita carismática, melhor denominada, da Renovação no Espírito[7]? Espalha-se como fogo em mato seco. É mais do que uma moda. Assemelha-se ao que aconteceu com o protestantismo do século XIX e no começo do XX. De um lado ao que Rouse e Neill chamam de *voluntary movements*, com homens e mulheres que se colocam ardentemente a serviço do Evangelho e do Reino de Deus, de outro aos movimentos de "reavivamento", pelo caráter público e constatável de uma ação espiritual que transforma as vidas. Mas esses "reavivamentos" na Igreja não se confundem com os protestantes, como indica o próprio vocabulário: Denominam-se "renovação", como o renovar da juventude da Igreja, que se reveste de um novo frescor e se abre para novos desdobramentos da antiga Igreja, nossa mãe. De fato, salvo raras exceções a renovação se dá no seio da Igreja e, longe

---

[7] "O interesse da Renovação é assegurar de maneira excelente a qualidade sobrenatural do povo cristão na base; dar uma visão mais perceptível aos carismas, sem monopolizá-los de nenhum modo; reintroduzir no ordinário da vida eclesial atividades como a 'profecia' [...] ou as curas não somente espirituais [...] mas físicas. Sim, em seu nível, à sua maneira e sem desconhecer aquilo que germina, brota e floresce em todos os lugares, a Renovação é uma resposta à expectativa pentecostal expressa por João XXIII. Paulo VI também disse: 'A Igreja tem necessidade de um perpétuo Pentecostes' [...]. A Renovação traz para o coração da Igreja a vitalidade dos carismas. Está longe, muito longe de ter o monopólio, mas leva para bem alto a denominação e contribui para a publicidade do tema. Ela não é contestadora da instituição; ao contrário, ela prefere a reanimação. Ela não é uma rejeição, nem mesmo uma crítica. Pelo fato de se manifestar no interior, revela, da sua parte, que a Igreja é algo totalmente diferente de um grande depósito de máquinas da graça, diferente de uma instituição jurídica e até sacramental" (Congar, 2010, p. 204). Por ocasião do Jubileu de Ouro da Renovação Carismática Católica, no ano de 2017, Papa Francisco e Fr. Raniero Cantalamessa (pregador da Casa Pontífica) insistiram na consideração da Renovação como corrente de graça na e para a Igreja.

de questionar suas instituições clássicas, ela as reanima. Voltarei ao tema, para especificar as exigências de toda saudável renovação.

Por ocasião desse nosso Congresso, o centenário do concílio de 381, se tem assistido a importantes manifestações da unidade na fé e na glorificação do Espírito. O concílio convocado em Constantinopla pelo imperador havia reunido os bispos orientais, assim com exceção do Egito. O bispo de Roma, Damaso, não foi convidado. O concílio se tornou ecumênico no sentido teológico, por "recepção". Sua fé, porém, era a mesma professada por Damaso e difundida em todo o Ocidente. E agora, a celebração de seu décimo sexto centenário está sendo "ecumênica" no sentido moderno do termo ecumenismo. Temos aqui mais que um fato abençoado e alegre. É a nítida indicação de que há uma fé fundamental, quase no sentido dos "artigos fundamentais". Refiro-me ao problema que é, teologicamente, o mais atual no ecumenismo: em que condições a comunhão poderia ser restaurada, no quadro da admirável fórmula de S. Cipriano e de Santo Agostinho *"Licet salvo jure communionis diversum sentire?"* [É lícito o dissenso na Igreja, desde que se mantenha a comunhão?] A comunhão na fé é a referência que se adota na época clássica dos padres e dos concílios ecumênicos da igreja indivisa (se esta expressão pode ser aceita). O papa João Paulo II declarou várias vezes que o texto do concílio de 381 é normativo. É a norma de seu próprio magistério. Este fato é de grande interesse ecumênico e eclesiológico. É uma vitória do Espírito Santo e nós lhe damos glória.

Fonte: Congar, 1982, p. 15-18.

Atividades de autoavaliação

1. Quanto ao Espírito Santo, Santo Agostinho usa uma expressão para caracterizá-lo:
   a) Força de Deus.
   b) Dom e amor do Pai e do Filho.
   c) Senhor e Santificador.
   d) Pessoa autônoma na Trindade.

2. Em qual de seus artigos o Símbolo Apostólico professa a fé da Igreja no Espírito Santo?
   a) Artigo 5º.
   b) Artigo 2º.
   c) Artigo 8º.
   d) Artigo 10º.

3. Entre as denominações a seguir, assinale aquela que **não** é uma denominação bíblica do Espírito Santo:
   a) Paráclito.
   b) Messias.
   c) Espírito da Verdade.
   d) Espírito do Senhor.

4. Entre os textos conciliares acerca do Espírito Santo, qual deles é considerado o mais denso?
   a) Número 4 da Constituição Dogmática *Lumen Gentium*.
   b) Número 1 do Decreto *Ad Gentes*.
   c) Número 5 da Constituição Pastoral *Gaudium et Spes*.
   d) Número 11 da Constituição Dogmática *Lumen Gentium*.

5. Há lugares em que conhecemos o Espírito na Igreja. Analise os itens a seguir que podem dizer respeito a tais lugares e marque V para o(s) verdadeiro(s) e F para o(s) falso(s).
   ( ) As Escrituras e a Tradição.
   ( ) A oração, os carismas e os ministérios.
   ( ) A vida apostólica e missionária e o testemunho dos santos.
   ( ) O Magistério e a Liturgia.

   Agora, assinale a alternativa que apresenta a sequência correta:
   a) F, V, V, F.
   b) V, F, F, V.
   c) F, V, V, V.
   d) V, V, V, V.

6. Quanto ao Espírito como dom e amor do Pai e do Filho, analise as afirmações a seguir e marque V para a(s) verdadeira(s) e F para a(s) falsa(s).
   ( ) Ele renova nos homens a imagem do Pai manifestada no amor do Filho.
   ( ) Ele não é Deus, mas uma criatura.
   ( ) Ele se refere apenas aos atributos do Pai e do Filho; Ele não é uma Pessoa divina.
   ( ) Ele leva a aceitar a salvação e faz penetrar o Evangelho nos corações.

   Agora, assinale a alternativa que apresenta a sequência correta:
   a) F, F, V, V.
   b) V, F, F, V.
   c) F, F, F, V.
   d) V, V, F, F.

7. Quanto à vida no Espírito, analise as afirmações a seguir e marque V para a(s) verdadeira(s) e F para a(s) falsa(s).
   ( ) É participação na vida e na missão de Jesus no Espírito Santo.
   ( ) É uma expressão teologicamente inadequada.
   ( ) É a santidade do Espírito Santo em nossa vida.
   ( ) É impossível aos homens e mulheres.

   Agora, assinale a alternativa que apresenta a sequência correta:
   a) V, F, V, F.
   b) F, F, V, F.
   c) V, V, V, F.
   d) F, V, V, F.

8. Enviado pelo Pai e o Filho, como Amor-Dom, o Espírito gera na Igreja alguns resultados. Sobre eles, analise os itens a seguir e marque V para o(s) verdadeiro(s) e F para o(s) falso(s).
   ( ) Comunhão, à luz da comunhão trinitária.
   ( ) Unidade na diversidade.
   ( ) Uniformidade.
   ( ) Harmonia do povo de Deus.

   Agora, assinale a alternativa que apresenta a sequência correta:
   a) F, F, V, V.
   b) V, F, F, V.
   c) V, V, F, V.
   d) F, V, F, V.

Atividades de aprendizagem

Questão para reflexão

1. Eis uma das mais belas orações da Igreja: o *Veni Creator Spiritus*. Reflita sobre a letra e aproveite a música. O *link* a seguir traz a versão musicada e legendada:
Veni Creator Spiritus = Vinde Espírito Criador. Disponível em: <https://www.youtube.com/watch?v=0q-IZtehI_s>. Acesso em: 7 jun. 2018.

Atividade aplicada: prática

1. Um dos sete sacramentos da Igreja é o da Confirmação. Dialogue com alguns membros de sua comunidade eclesial, questionando-os sobre:
    - Por que o sacramento da Confirmação é assim denominado?
    - Por que dizemos que o Espírito Santo é o *protagonista* do sacramento da Confirmação?
    - O que o Espírito Santo realiza na pessoa que recebe o sacramento da Confirmação?
    - Como você vivencia o sacramento da Confirmação que recebeu?

6
O Espírito Santo e a Igreja[1]

---

1. Todas as passagens bíblicas indicadas neste capítulo são citações de Bíblia (2002).

Neste capítulo, analisamos de maneira panorâmica alguns pontos relativos à relação entre o Espírito Santo e a Igreja. Não se trata, pois, de uma eclesiologia pneumatológica, na medida em que a disciplina de Eclesiologia explicita essa abordagem partindo da natureza e da missão da Igreja. Em sentido contrário, apresentamos aspectos que julgamos importantes para a compreensão da Pessoa e da ação do Espírito Santo, de modo que sua relação com a Igreja nos auxilia no trabalho de evidenciar tais aspectos.

Assim, as seções que seguem discorrem sobre as seguintes temáticas: o Espírito e a instituição da Igreja; a analogia do Espírito como alma da Igreja; o Espírito como princípio da unidade, santidade, catolicidade e apostolicidade da Igreja; o Espírito como protagonista da missão eclesial; e a vida no Espírito.

6.1 O Espírito Santo e a instituição da Igreja

Em termos pneumatológicos, conforme aponta a Constituição Dogmática *Lumen Gentium*, a Igreja foi "manifestada pelo dom do Espírito Santo" (LG, n. 2) em Pentecostes, de modo que o Espírito é coinstituinte da Igreja. "Trata-se da Igreja histórica e visível, aquela da qual Jesus é o 'fundador' (mas, sempre vivo e ativo, ele é o seu fundamento permanente). O Espírito lhe dá vida e a faz crescer enquanto ela é **Corpo de Cristo**" (Congar, 2010, p. 18, grifo do original). Sendo assim, a categoria *Igreja Povo de Deus*, eminentemente trinitária, exprime a realidade de um povo constituído e congregado no Espírito Santo para a comunhão com Deus e para o testemunho dessa comunhão a todas as pessoas.

Tertuliano, um dos Padres da Igreja, apresenta, mediante a dinâmica trinitária, a ação do Espírito como coinstituinte da Igreja, afirmando que desde que o testemunho da fé e o penhor da salvação têm como aval as Três Pessoas, necessariamente a menção da Igreja encontra-se aí junto. Pois, onde estão os Três – Pai, Filho e Espírito Santo –, aí também se encontra a Igreja.

Igualmente, o fato de o Símbolo Niceno-Constantinopolitano incluir, logo após o artigo dedicado ao Espírito, outro sobre a Igreja nos remete ao Espírito que institui a Igreja una, santa, católica e apostólica. Atesta-nos essa realidade o sentido da confissão de fé apostólica e batismal, por meio da qual se professa a criação como obra do Pai, a redenção como obra do Filho e a santificação como obra do Espírito. Deus é Santo, de modo que a santificação operada pelo Espírito é a santificação dos que foram salvos por Cristo, ou seja, da Igreja.

O Espírito, portanto, é coinstituinte da Igreja e não seu fundador, pois leva a termo a obra salvífica de Cristo manifestando a Igreja como continuadora de sua missão, pois Cristo é a Cabeça da Igreja. A instituição da Igreja pelo Espírito é a garantia de que a comunidade dos discípulos perpetuará a missão salvífica de Jesus após a sua glorificação. E é justamente isso o que ocorre em Pentecostes, evento que institui a Igreja no sentido de sua manifestação pública como comunidade evangelizada e evangelizadora na força e poder do Espírito Santo. Crer no Espírito unificador, santificador, catolicizador e apostolicizador da Igreja é crer na realidade da promessa de Deus na Igreja, nessa realidade concreta e complexa, feita de um duplo elemento – humano e divino.

A esse respeito, o Papa João Paulo II, na Carta Encíclica *Dominum et Vivificantem*, comenta:

> É deste modo que o Concílio Vaticano II fala do **nascimento da Igreja** no dia de Pentecostes. Este acontecimento constitui a manifestação definitiva daquilo que já se tinha realizado **no mesmo Cenáculo** no Domingo da Páscoa. Cristo Ressuscitado veio e foi "portador" do Espírito Santo para os Apóstolos. Deu-lho dizendo: "Recebei o Espírito Santo". Isso que aconteceu então no interior do Cenáculo, "estando as portas fechadas", mais tarde, no dia do Pentecostes, viria a manifestar-se publicamente diante dos homens. Abrem-se as portas do Cenáculo e os Apóstolos dirigem-se aos habitantes e peregrinos, que tinham vindo a Jerusalém por ocasião da festa, para dar testemunho de Cristo com o poder do Espírito Santo. E assim se realiza o anúncio de Jesus: "**Ele** dará testemunho de mim: **e também vós** dareis testemunho de mim, porque estivestes comigo desde o princípio". (DeV, n. 25, grifo do original)

O "tempo da Igreja", conforme indica *Dominum et Vivificatem* (DeV, n. 25), sua instituição, por assim dizer, teve como marco a vinda do Espírito Santo sobre os apóstolos no Cenáculo de Jerusalém. A promessa do Paráclito – evidenciada sobremaneira no quarto Evangelho – cumpriu-se concomitantemente ao nascimento da Igreja. O Espírito Santo, manifestando a Igreja ao mundo, passou a conduzir os discípulos de Jesus na missão de anunciar a salvação a todos os povos. A instituição da Igreja como paradigma de seu ser e agir aponta para a obra do Espírito: com o Pentecostes, os discípulos sentiram-se fortes e capazes de cumprir a missão que lhes fora confiada. Conforme ensina *Dominum et Vivificantem*: "E assim se perpetua na Igreja de certo modo, a graça do Pentecostes" (DeV, n. 25) . Em seguida, o pontífice ressalta:

> com a vinda do Espírito Santo, começou o tempo da Igreja. Dizem-nos ainda que este tempo, **o tempo da Igreja**, continua. Perdura **através dos séculos e das gerações**. No nosso século, neste período em que a humanidade se tem vindo a aproximar do termo do segundo Milénio depois de Cristo, este "tempo da Igreja" teve uma sua particular expressão no **Concílio Vaticano II**, como Concílio do nosso século. Sabe-se, com efeito, que ele foi, de maneira especial, um Concílio "eclesiológico": um **Concílio sobre o tema da Igreja**. Ao mesmo tempo, porém, o ensino deste Concílio é essencialmente "pneumatológico": **impregnando da verdade sobre o Espírito Santo**, como alma da Igreja. Podemos dizer que no seu rico magistério o Concílio Vaticano II contém praticamente tudo o "que o Espírito diz às Igrejas" em função da presente fase da história da salvação. (DeV, n. 26, grifo do original)

Isso significa dizer que a afirmação de que o Espírito Santo é coinstituinte da Igreja não se refere apenas a um fato histórico específico: o Espírito continua a instituir a Igreja, pois é na sua força e poder – que vivificam e renovam a Igreja (LG, n. 4) – que todo o corpo eclesial faz a experiência da unidade, da santidade, da catolicidade e da apostolicidade com a qual o Espírito marcou e marca a Igreja ao longo dos séculos.

6.2 O Espírito Santo, alma da Igreja

Há uma tradição teológica, segundo Hackmann (1998, p. 78), que emprega a simbologia da relação existente entre a alma e o corpo humano para exprimir a união íntima entre o Espírito e a Igreja. Essa analogia, muito utilizada pelos Santos Padres, diz do Espírito Santo como alma da Igreja ou como a alma do Corpo de Cristo e exprime a ação própria do Espírito na Igreja, que é animá-la e vivificá-la, distribuindo os seus dons (1Cor 12,4). É o que escreve São Paulo em 1Cor 12,4.

Ainda segundo Hackmann (1998, p. 79), essa alma não constitui um todo substancial com o corpo, pois o Espírito é transcendente à Igreja, ainda que lhe seja imanente na medida em que nela age. Também não se trata do espírito da Igreja, mas do Espírito de Deus. Afirma Küng[2] (1969, p. 234):

> Neste contexto está-se a pensar no Espírito de Deus, o Espírito Santo que, enquanto santo, é rigorosamente diferenciado do espírito humano e do mundo. Não se trata de qualquer fluido mágico, misterioso e sobrenatural, ente dinâmico ou feitiço do tipo animista; trata-se do próprio Deus na sua doação e entrega pessoal, ou seja, como poder que se dá, mas de que não se pode dispor, como força criadora da vida que é. É o próprio Deus, enquanto, com misericordioso poder, conquista o domínio do interior da pessoa, do coração da pessoa, da pessoa inteira; enquanto lhe está presente interiormente e se manifesta eficazmente ao espírito humano.

---

[2] Para fins de conhecimentos, observamos que Hans Küng, em termos de posicionamento e debate teológico, teve alguns dos aspectos de sua teologia rejeitados pela autoridade eclesial em período posterior à publicação da obra citada (Sagrada Congregação para a Doutrina da Fé, 1979).

O Espírito realiza na Igreja, Corpo de Cristo, a função que a alma exerce no corpo. O Espírito está presente na Cabeça, que é Cristo, e nos membros, nos cristãos. A Constituição Dogmática *Lumen Gentium* explicita como se concebe a ação do Espírito na Igreja, o que certamente nos remete a essa analogia do Espírito como alma da Igreja:

> Depois que o Filho terminou a obra que o Pai lhe confiara (cf. Jo 17,4), o Espírito Santo foi enviado, no dia de Pentecostes, como fonte perene de santificação da Igreja, dando assim, aos que creem em Cristo, acesso ao Pai (cf. Ef 2,18). É o Espírito da vida, fonte que jorra para a vida eterna (cf. Jo. 4,14; 7,38-39), pois por ele o Pai dá vida aos homens mortos pelo pecado e, em Cristo, ressuscitará seus corpos mortais (cf. Rm 8,10-11). O Espírito habita na Igreja e no coração dos fiéis como num templo (cf. 1Cor 3,16; 6,19), em que ora e dá testemunho de que são filhos adotivos (cf. Gl. 4,6; Rm 8,15-16 e 26). Leva a Igreja à verdade plena (cf. Jo 16,13) e a unifica na comunhão e no ministério. Com os diversos dons hierárquicos e carismáticos, a instrui, dirige e enriquece com seus frutos (cf. Ef 4,11-12; 1Cor 12,4; Gl 5,22). Rejuvenesce a Igreja com a força do Evangelho, renovando-a continuamente e a conduz à união consumada com seu esposo. Por isso o Espírito e a esposa dizem ao Senhor Jesus: 'Vem' (cf. Ap 22,17). (LG, n. 4)

6.3 O Espírito Santo e as Notas da Igreja

As Notas da Igreja – explicitadas em sua instituição a partir do Pentecostes – evidenciam a ação do Espírito na mesma Igreja. A fim de apresentarmos os conteúdos pertinentes a cada uma delas, utilizamos como referência a exposição de Hackmann (1998).

A Igreja que nasce de Cristo e do Espírito Santo é santificada por Eles. Assim, as Notas da Igrejas fundamentam-se na própria Trindade, pela ação do Espírito, pois foi Ele a realizar a promessa de Deus para a Igreja, conduzindo-a na verdade e na santidade e na missão de evangelizar mesmo que sua santidade se realize num contexto humano e limitado.

O Espírito é o princípio da unidade da Igreja.

Tal afirmação supõe uma unidade basilar: o espírito de fraternidade. Essa fraternidade não é uma mera relação amistosa revestida de tolerância, mas uma unidade de pensamento e sentimento que não nega ou rechaça as diferenças. Antes disso, a unidade pressupõe a diversidade em prol do caminho comum a ser percorrido. O oposto da unidade do Espírito "é o espírito sectário, particularista e cismático. É preciso estar no Corpo de Cristo para poder ter o espírito de Cristo e para poder viver verdadeiramente dele" (Hackmann, 1998, p. 82). Conforme a Exortação Apostólica *Evangelii Gaudium*:

> É o Espírito Santo, enviado pelo Pai e o Filho, que transforma os nossos corações e nos torna capazes de entrar na comunhão perfeita da Santíssima Trindade, onde tudo encontra a sua unidade. O Espírito Santo constrói a comunhão e a harmonia do povo de Deus. Ele mesmo é a harmonia, tal como é vínculo de amor entre o Pai e o Filho. É Ele que suscita uma abundante e diversificada riqueza de dons e, ao mesmo tempo, constrói uma unidade que nunca é uniformidade, mas multiforme harmonia que atrai. A evangelização reconhece com alegria estas múltiplas riquezas que o Espírito gera na Igreja. (EG, n. 117)

Noção correlata à de unidade é a de comunhão, porque a Igreja é mistério de comunhão (LG, n. 1 e n. 4). O Espírito, portanto, é também Aquele que gera a comunhão na Igreja, assim como é o Amor do Pai e do Filho. A comunhão do Corpo de Cristo é a comunhão do Espírito, que é dado como dom à Igreja para que os seus membros estabeleçam uma relação de harmonia, não obstante suas características e funções diversas. Nesse sentido, em termos pneumatológicos, podemos afirmar que unidade, fraternidade e comunhão são indissociáveis, porque a unidade da Igreja, engendrada pelo Espírito, tem como efeitos o sentimento comum e a harmonia na diversidade. "Assim, só se recebe o Espírito quando se está junto" (Hackmann, 1998, p. 83).

> A Igreja não é uma soma de indivíduos e o sistema resultante desta, mas uma comunhão, uma fraternidade de pessoas. Isso resulta de dois princípios, ambos presentes de forma igual nela: um princípio pessoal e um princípio de unidade. A harmonização de ambos é obra do Espírito. Por isso, a Igreja não é soma, nem divisão, mas comunhão, ou seja, koinonia. Esses dois princípios são o seguinte: a) o princípio pessoal: diz a riqueza da variedade de pessoas que desejam ser sujeitos das ações na Igreja. Conduz à unidade e não à uniformidade ou à multiplicidade na unidade. b) o princípio da unidade: o Espírito leva à unidade respeitando a diversidade. A unidade promovida pelo Espírito não violenta ninguém, mas penetra delicadamente o coração de cada pessoa (Gl 4,4-6), pois a comunhão do Espírito Santo com o espírito humano é imediata e direta, fazendo com que o corpo de cada fiel batizado se converta em seu tabernáculo. (Hackmann, 1998, p. 83)

O Espírito gera unidade na diversidade. Daí que a Igreja não é, em primeiro lugar, uma instituição meramente humana e social, cuja identificação se dá por meio de um prédio e um endereço. Pela ação do Espírito, a Igreja está na individualidade e na totalidade dos cristãos. A isso chamamos *comunhão*. De acordo com Francisco:

> As diferenças entre as pessoas e as comunidades por vezes são incômodas, mas o Espírito Santo, que suscita essa diversidade, de tudo pode tirar algo de bom e transformá-lo em dinamismo evangelizador que atua por atração. A diversidade deve ser sempre conciliada com a ajuda do Espírito Santo; só Ele pode suscitar a diversidade, a pluralidade, a multiplicidade e, ao mesmo tempo, realizar a unidade. (EG, n. 131)

Unidade e comunhão implicam abertura e diálogo com o diferente. Fundamentam-se aí, por exemplo, o empenho ecumênico e as diversas iniciativas de diálogo e cooperação entre cristãos.

O Espírito é o princípio da santidade da Igreja.

A santidade de Deus é comunicada à Igreja, e quem o faz é o Espírito Santo. A santidade, nessa perspectiva eclesial, é a pertença a Deus, a certeza de que o Espírito guia, orienta, anima, vivifica e renova a Igreja com base em Jesus Cristo. Ser parecida com Jesus é o qualificativo que melhor expressa a santidade da Igreja, e essa realidade tem por fundamento a ação do Espírito Santo. A nação santa do Antigo Testamento (AT) (Ex 19,5-6) é a prefiguração da Igreja santa. A pertença a Deus, somada à abertura e à docilidade dos cristãos ao Espírito, leva a um comportamento moral conforme a norma, que é Cristo. A santidade dos atos é precedida pela santidade do Espírito em nosso espírito.

Cirilo de Alexandria (citado por Hackmann, 1998, p. 85), afirma: "Como o Espírito santificou a humanidade de Cristo, assim continua santificando o seu corpo místico, isto é, a Igreja"; e assim continua: sendo "santo por natureza, a ele cabe santificar".

> E essa santidade se realiza nos fiéis, por meio da participação nos sacramentos, na leitura e meditação da Palavra de Deus, na recepção dos carismas, enfim, através de todos os meios de salvação e santificação que Cristo colocou à disposição na sua Igreja, quando a constituiu. Contudo, a Igreja santa é formada por pecadores, enquanto seus membros realizam de forma imperfeita a essência da Igreja, apesar do esforço permanente de conversão. Nesse sentido, o Vaticano II afirma a necessidade de conversão permanente, por parte da Igreja (LG 8). (Hackmann, 1998, p. 85)

A santidade do Espírito é o que renova a Igreja, pois, sendo Ele Santo, instituiu a Igreja como santa para que pudesse, refletindo a imagem de Jesus, testemunhar de modo crível a Boa Nova do Evangelho.

A Exortação Apostólica *Evangelii Nuntiandi* e a Constituição Dogmática *Lumen Gentium* assim se expressam:

> O mundo reclama e espera de nós simplicidade de vida, espírito de oração, caridade para com todos, especialmente para com os pequeninos e os pobres, obediência e humildade, desapego de nós mesmos e renúncia. Sem esta marca de santidade, dificilmente a nossa palavra fará a sua caminhada até atingir o coração do homem dos nossos tempos; ela corre o risco de permanecer vã e infecunda. (EN, n. 76)

> Cristo, filho de Deus, celebrado como o "único santo" [...] uniu-se a ela [à Igreja] como a seu corpo e a santificou, com o **dom do Espírito**, para a glória de Deus. Todos pois, na Igreja [...] são chamados à **santidade** [...]. A **santidade** da Igreja se manifesta de direito e de fato nos muitos e variados frutos da graça, que o **Espírito** faz brotar nos fiéis, quando tendem para a **perfeição do amor** em suas vidas. A **santidade** da Igreja se manifesta de maneira especial na prática dos conselhos chamados **evangélicos**, assumidos particular ou publicamente por muitos fiéis, sob a **moção do Espírito**, os quais dão ao mundo **testemunho** e **exemplo de santidade**. (LG, n. 39, grifo nosso)

O Espírito é o princípio da catolicidade da Igreja.

Como consequência de sua unidade, a Igreja é católica, ou seja, anuncia e é sinal e instrumento da salvação operada por Cristo a todos os homens e mulheres. O mandato missionário de Jesus – "Ide, portanto, e fazei que todas as nações se tornem discípulos..." (Mt 28,19) – exprime a destinação universal da salvação e da Igreja, pois o Evangelho deve alcançar a todos. Não foi a partir do Pentecostes que os discípulos saíram para o anúncio corajoso e intrépido da salvação a todos os povos? Nesse sentido, o envio do Espírito Santo sela a catolicidade da Igreja, tanto interna quanto externa, pois circunscreve não apenas os destinatários da missão, mas também todos os fiéis e as Igrejas Particulares, conforme aponta *Lumen Gentium* (LG, n. 23).

> O envio missionário dos apóstolos, feito por Jesus após a Páscoa, é corroborado pela ação do Espírito, cuja vinda é princípio de missão e testemunho apostólicos. Tudo isso comporta o encontro de povos, línguas, culturas e até religiões diversas tendo iniciado com o mundo greco-romano e se expandido por todos os povos do mundo, até os dias de hoje. E atualmente o tema da evangelização da cultura está tão em voga, devido à valorização das particularidades, que não podem ser esquecidas em detrimento da maioria. Nesse sentido, afirma Congar que Pentecostes lançou a Igreja e a colocou no mundo com uma vocação de universalidade. Portanto, a Igreja não pode ficar fechada sobre si mesma, aprisionando o Espírito. (Hackmann, 1998, p. 89)

A catolicidade da Igreja, como obra do Espírito, é um dinamismo constante. À medida que a Igreja evangeliza os diversos povos, vai reconhecendo a ação do Espírito que nesses mesmos povos já estava presente ou que, gradativamente, incultura os valores do Evangelho em face dos diferentes contextos. O Papa Francisco, em *Evangelii Gaudium*, comenta:

> Quando uma comunidade acolhe o anúncio da salvação, o Espírito Santo fecunda a sua cultura com a força transformadora do seu Evangelho. [...] Nos diferentes povos, que experimentam o dom de Deus segundo a própria cultura, a Igreja exprime a sua genuína catolicidade e mostra "a beleza deste rosto pluriforme". Através das manifestações cristãs de um povo evangelizado, o Espírito Santo embeleza a Igreja, mostrando-lhe novos aspectos da Revelação e presenteando-a com um novo rosto. (EG, n. 116)

A ação do Espírito nos diversos povos da terra, que exprime a catolicidade eclesial, dá-se tanto no acolhimento da salvação como nas diferentes formas por meio das quais esses povos igualmente evangelizam. Dado que se é o Espírito a fecundar as muitas culturas, também é Ele que, por meio dessas culturas, apresenta à Igreja novos aspectos da Revelação que certamente não seriam percebidos no caso de uma uniformidade cultural cristã. A diversidade cultural, portanto, no contexto da inculturação do Evangelho, é uma riqueza para a ação evangelizadora da Igreja, pois é na diversidade que se explicita de modo mais evidente a unidade da Igreja, da qual o Espírito Santo é princípio.

O Espírito é o princípio da apostolicidade da Igreja.

A apostolicidade da Igreja faz referência à fé recebida dos apóstolos. É o Espírito quem assegura a fidelidade da Igreja a essa fé, uma vez que isso não apenas a projeta em sua missão, mas também salvaguarda sua dimensão escatológica e de plenitude, que é central na fé apostólica.

A Palavra na Igreja é atualizada pelo Espírito, que nos possibilita a todos compreendê-la e aplicá-la em nossa própria vida. "Daí que a Igreja foge de ser unicamente uma questão sociológica, visto estarem realçados os seus elementos espirituais, que a tornam, em primeiro lugar, uma questão de fé" (Hackmann, 1998, p. 91). A apostolicidade como ação do Espírito não diz apenas da perpetuação temporal da Igreja, mas do contínuo retorno ao depósito da fé, este conservado pelo Magistério e atualizado na vida dos cristãos.

> Nessa tarefa de atualizar a palavra, o Espírito torna a Igreja infalível. É nesse sentido que se compreende a afirmação do Vaticano II, de que o Povo de Deus goza do "sentido sobrenatural da fé" (LG 12). Também o Magistério exerce a sua missão própria, que é a de zelar, transmitir, interpretar, definir, proclamar, salvaguardar a verdade confiada por Jesus Cristo à Igreja, hoje presente no depósito da fé. É o Espírito quem afirma e precisa a fé, mantendo a infalibilidade e a fidelidade da Igreja à Revelação. E essa tarefa de atualização da palavra por meio do Espírito Santo é exercida no decurso da história. (Hackmann, 1998, p. 91)

6.4 O Espírito da evangelização

Entre os documentos do Magistério recente que fazem referência à relação entre o Espírito Santo e a evangelização[3], dois servem de base para as páginas que seguem: a Exortação Apostólica *Evangelii Nuntiandi* (EN, 2011), de Paulo VI, e a Exortação Apostólica *Evangelii Gaudium* (EG, 2013), de Francisco.

Tanto Paulo VI como Francisco utilizam expressões semelhantes para situar a ação do Espírito Santo e sua prioridade na evangelização a partir da pessoa humana, do sujeito que vive na comunidade eclesial, Povo de Deus. Paulo VI afirma: "Não quereríamos concluir este colóquio com os nossos Irmãos e Filhos muito amados, sem um instante apelo, ainda, quanto às **disposições interiores** que hão de animar os obreiros da evangelização" (EN, n. 74, grifo nosso). Francisco, por sua vez, menciona "uma **moção interior**" (EG, n. 261, grifo nosso) e "**motivações** para um renovado impulso missionário" (EG, n. 262, grifo nosso). Essas disposições e motivações são propriamente o espírito da evangelização, o que "impele, motiva, encoraja e dá sentido à ação pessoal e comunitária" (EG, n. 261), "as condições que hão de tornar essa evangelização [...] ativa e frutuosa" (EN, n. 74). Isso se dá no interior dos evangelizadores pela ação do Espírito Santo, pela graça. Esse princípio teológico encontra eco nas palavras de Francisco: "O princípio da **primazia da graça** deve ser um farol que ilumine constantemente as nossas reflexões sobre a evangelização" (EG, n. 112, grifo do original). A graça é o Espírito Santo, que, atuando nos cristãos, torna-os participantes e continuadores da missão de Jesus. Em outras palavras, a Igreja e os cristãos não evangelizam por si mesmos, ou em virtude de uma escolha pessoal ou comunitária, mas o fazem por graça, por iniciativa

---

3 A Carta Encíclica *Redemptoris Missio* (1990), de João Paulo II, dedica o Capítulo III ao Espírito Santo protagonista da missão (n. 21-30).

de Deus. A graça que lança à missão é o Espírito Santo, pois, como destaca o Papa Paulo VI, "nunca será possível haver evangelização sem a ação do Espírito Santo" (EN, n. 75). O binômio espírito-Espírito, presente em *Evangelii Nuntiandi* e *Evangelii Gaudium*[4], aponta o espírito humano como o lugar da graça, no qual age o Espírito. Constituída como Povo de Deus, a Igreja é projetada à missão pelo mesmo Espírito, que santifica e conforma os cristãos a Cristo em prol do anúncio do Reino e da salvação. A análise do Espírito da evangelização se mostra fecunda na medida em que revela a relação existente entre a prioridade do Espírito na missão e o conjunto das dimensões e aspectos da evangelização levada a termo na Igreja.

Segundo Bifet (1977, p. 479, tradução nossa), "a espiritualidade missionária está radicada na mesma essência da evangelização". O espírito que anima a ação evangelizadora – o Espírito Santo – é também seu protagonista. Especialmente vigente no pré-Concílio, a ideia de que o Espírito habita as almas e a elas concede seus setes dons indicava que o Espírito Santo não tinha parte na missão da Igreja, uma vez que a graça era sempre a de Cristo. *Evangelii Nuntiandi*, em sentido contrário, apresenta o Espírito como aquele "que impele para anunciar o Evangelho" (EN, n. 75). Isso é certamente relevante não apenas para o resgate da pneumatologia no pós-Concílio, como também, e principalmente, para a compreensão da missão da Igreja por ela mesma: não é à hierarquia que compete, em absoluto, a tarefa de evangelizar, mas a todo o Povo de Deus, pois a todos foi dado o Espírito (Rm 5,5) e todos formam "o povo unido pela unidade mesma do Pai, do Filho e do Espírito Santo" (LG, n. 4).

---

4 Em ambas as Exortações, a expressão *espírito*, quando referida à evangelização, diz das motivações interiores mais fundamentais da pessoa, as quais dão sentido a seu agir evangelizador. A expressão *Espírito* refere-se ao Espírito Santo, Terceira Pessoa da Trindade, que é a motivação fundamental para a evangelização. No contexto de EN e EG, podemos afirmar, seguindo as palavras de Clodovis Boff (2015, p. 377), que tal binômio indica "a vida do Espírito Santo em nosso espírito. É a nossa vida vivida segundo o Espírito".

Para Paulo VI, o fato de que "nunca será possível haver evangelização sem a ação do Espírito Santo" (EN, n. 75) deduz-se da própria vida e ministério de Jesus: o Espírito desce sobre Jesus em seu batismo (Mt 3,16); o Espírito conduz o Cristo ao deserto (Mt 4,1); o Espírito o faz retornar à Galileia a fim de iniciar sua pregação (Lc 4,14); o Espírito é dado por Jesus aos apóstolos antes de serem enviados (Jo 20,22). Jesus se deixa guiar e orientar plenamente pelo Espírito Santo; em seus gestos e palavras, manifesta sua total fidelidade à ação do Espírito. Nesse sentido, a pneumatologia em *Evangelii Nuntiandi* caracteriza-se como uma cristologia pneumática: o Espírito Santo é o Espírito de Cristo. O Espírito que ungiu, enviou e conduziu Jesus em sua missão é o mesmo que impulsiona os cristãos a evangelizarem. O protagonismo do Espírito na missão, para Paulo VI, tem sua razão teológica na ação do Espírito em Jesus. Nas palavras de Bifet (1977, p. 483), a abordagem de *Evangelii Nuntiandi* privilegia a dimensão trinitária da missão, assim como o fizeram *Lumen Gentium* (n. 2-4) e o decreto *Ad Gentes* (n. 2-4).

> Também na EN a dimensão pneumática da evangelização está enquadrada na dimensão trinitária, salvífica e cristológica. Os planos de salvação do Pai são levados a termo por meio de Jesus Cristo e da sua Igreja sob o influxo direto do Espírito Santo. A missão do Espírito é tornada visível na pessoa e obra de Jesus Filho de Deus, enviado do Pai, guiado pelo Espírito. Quando Jesus transmitiu aos Apóstolos a missão, comunicou também o Espírito Santo [...]. (Bifet, 1977, p. 483, tradução nossa)

Pedro e Paulo tornaram-se evangelizadores somente após terem recebido o Espírito Santo (EN, n. 75). O primeiro, no dia de Pentecostes; o segundo, após o episódio de sua conversão. Ambos ficaram cheios do Espírito Santo e, por isso, a mensagem evangelizadora, a Pessoa de Jesus Cristo, era anunciada e sempre mais pessoas a acolhiam. Porém, o Espírito não só os impelia como também lhes inspirava as palavras que deviam proferir (EN, n. 75). É o Espírito Santo que faz com que os fiéis possam entender os ensinamentos de Jesus e o seu mistério. Ele é aquele que, hoje ainda, como nos inícios da Igreja, age em cada um dos evangelizadores que se deixa possuir e conduzir por ele, e põe na sua boca as palavras que ele sozinho não poderia encontrar, ao mesmo tempo que predispõe a alma daqueles que escutam a fim de a tornar aberta e acolhedora para a Boa Nova e para o reino anunciado. (EN, n. 75)

À afirmação indicada em *Evangelii Nuntiandi* de que o Espírito Santo é o "agente principal da evangelização" (EN, n. 75) acrescenta-se outra que reforça o elemento de sua ação santificante em estreita relação com a missão:

> é ele que nos mais íntimo das consciências leva a aceitar a Palavra da salvação. [...] de fato, somente ele suscita a nova criação, a humanidade nova que a evangelização há de ter como objetivo, com a unidade na variedade que a mesma evangelização intenta promover na comunidade cristã. Através dele, do Espírito Santo, o Evangelho penetra no coração do mundo, porque é ele que faz discernir os sinais dos tempos, os sinais de Deus, que a evangelização descobre e valoriza no interior da história. (EN, n. 75)

De acordo com Simone (2000, p. 116), a contribuição do Papa Montini à reflexão pneumatológica do pós-Concílio se dá na perspectiva de uma experiência dita cenacular[5]. "A repetida leitura dos documentos montinianos, da juventude até o pós-Concílio, conduz propriamente a esta chave de leitura que se dá a partir do Cenáculo como cifra de compreensão" (Simone, 2000, p. 11, tradução nossa). Parece-nos que, para Paulo VI, a experiência do Cenáculo é o evento que mais propriamente nos dá a conhecer o Espírito Santo como principal agente da evangelização, pois, pelo dom do Espírito, os discípulos reunidos em Jerusalém reconheceram o seu Senhor, Jesus Cristo (Simone, 2000, p. 116).

---

5 Alusão à experiência dos apóstolos no Cenáculo de Jerusalém em Pentecostes (cf. At 2,1).

O Cenáculo foi o momento da descoberta da Verdade, que é Cristo – Verdade sempre nova, que convida à sua busca e contínuo aprofundamento. No âmbito da pneumatologia presente em *Evangelii Nuntiandi*, a noção de experiência cenacular articula, integra e harmoniza a ação evangelizadora e a ação santificante do Espírito. Não se concebe o grande impulso para a evangelização, inaugurado pelo discurso de Pedro à multidão, sem uma referência direta à experiência do Espírito ao interior do Cenáculo, assim como também é impossível compreender a experiência do Cenáculo desconsiderando seu efeito imediato, que foi o anúncio intrépido do Evangelho.

> Tudo quanto aconteceu no Cenáculo e as suas consequências são vinculantes para todo cristão: o modo de ser cristão hoje, como pessoa e como Igreja, não pode prescindir do *kairos* do Cenáculo com as suas moções (e emoções) [...]. Se no primeiro e originário Pentecostes o homem descobriu a Cristo, neste novo Pentecostes o fiel leigo descobre a consciência da própria vocação, rechaçando o torpor que há muito tempo o oprimia, aprendendo uma moral positiva ainda que humilde, movendo-se do individualismo à comunhão. (Simone, 2000, p. 116, tradução nossa)

Em *Evangelii Nuntiandi*, o Espírito Santo é o protagonista da evangelização porque, assim como em Pentecostes, é Ele que impulsiona a Igreja e os evangelizadores a anunciarem Jesus Cristo, a fim de que todas as pessoas possam conhecê-lo e sejam vivificadas no Espírito. Concomitantemente, o evangelizador faz a experiência do Cenáculo – experiência de Cristo no Espírito Santo. Segundo Maçaneiro (2001, p. 72), depreendemos de *Evangelii Nuntiandi* que no poder do Espírito somos revigorados para anunciar o que ouvimos no e do Evangelho, Jesus Cristo, e viver o que anunciamos, unindo palavra e vida num testemunho eficaz para a salvação da humanidade em Cristo, à glória e louvor de Deus Pai. Assim, a pneumatologia em *Evangelii Nuntiandi* é eminentemente cristológica: o Espírito de Cristo dá a conhecer o próprio Jesus – e também o homem, o mundo, a moral – e lança a Igreja na missão. Não há experiência de Cristo, no Espírito, da qual não decorra o anúncio do Evangelho, ao mesmo tempo que não existe evangelização sem a experiência de Cristo, por meio da qual o evangelizador, pela ação do Espírito, torna-se parecido com Jesus, aquele que deve anunciar. O espírito da evangelização, para *Evangelii Nuntiandi*, é o Espírito de Cristo, o mesmo que Jesus prometeu enviar sobre os discípulos para que pudessem compreender suas palavras e ser suas testemunhas (At 1,8). O Espírito é o principal evangelizador porque dá a conhecer Jesus Cristo e porque impele os cristãos, dispostos interiormente por sua ação santificante, a anunciarem o Evangelho propondo a experiência com Jesus.

Em *Evangelii Gaudium*, no que tange ao protagonismo do Espírito Santo na evangelização, Francisco, no início do quinto capítulo, apresenta o Pentecostes como o evento paradigmático dos "evangelizadores com espírito" (EG, n. 259). Trata-se da única referência bíblica da qual o pontífice se vale para introduzir sua reflexão acerca do "espírito da nova evangelização" (EG, n. 260). Há dois aspectos que Francisco salienta ao mencionar o Pentecostes: o primeiro diz do Espírito que transforma os apóstolos em anunciadores das maravilhas de Deus, fazendo-os saírem de si mesmos para tal; o segundo diz do Espírito que os faz anunciadores ousados (EG, n. 259).

Podemos dizer que essas são as realidades ou os elementos que fundamentam teologicamente a primazia do Espírito na evangelização para Francisco – e isso tanto no capítulo supramencionado como na totalidade do texto de *Evangelii Gaudium*, de forma implícita e explícita. Questão relevante que subjaz ao pensamento de Francisco é o fato de que é o Espírito Santo que confere a autenticidade, a eficácia e a fecundidade da ação evangelizadora da Igreja: quanto ao Espírito, "invoquemo-Lo hoje [...] sem o qual toda a ação corre o risco de ficar vã e o anúncio, no fim das contas, carece de alma" (EG, n. 259). Noutro lugar: "uma evangelização com espírito é muito diferente de um conjunto de tarefas vividas como uma obrigação pesada, que quase não se tolera ou se suporta como algo que contradiz as nossas próprias inclinações e desejos" (EG, n. 261).

Sob o prisma do Pentecostes, observamos que só após a vinda do Espírito Santo os apóstolos compreenderam e experimentaram o amor do Cristo morto e ressuscitado, o Filho de Deus. A insistência de *Evangelii Gaudium* na evangelização com espírito se insere nessa perspectiva: os cristãos, e propriamente os evangelizadores, conhecem a Jesus e empreendem a ação evangelizadora da Igreja em seus mais diversos aspectos; contudo, esta não será autêntica e efetiva se lhe faltarem a ação e a moção do Espírito, tal como em Pentecostes. Francisco parece reconhecer que o maior perigo ao qual a evangelização está exposta é o de prescindir da ação do Espírito Santo, sem a qual tudo o mais fica desprovido de sentido, ainda que muitas obras sejam realizadas[6]. Daí a preocupação de *Evangelii Gaudium* em apresentar o Espírito Santo como o Espírito da missão – e é esse Espírito da missão que suscita as "motivações para um renovado impulso missionário" (EG, n. 262). No número anterior, o pontífice destaca:

> Mas sei que nenhuma motivação será suficiente, se não arde nos corações o fogo do Espírito. Em suma, uma evangelização com espírito é uma evangelização com o Espírito Santo, já que Ele é a alma da Igreja evangelizadora. Antes de propor algumas motivações e sugestões espirituais, invoco uma vez mais o Espírito Santo; peço-Lhe que venha renovar, sacudir, impelir a Igreja numa decidida saída para fora de si mesma a fim de evangelizar todos os povos. (EG, n. 261)

---

[6] O mundanismo espiritual "também se pode traduzir em várias formas de se apresentar a si mesmo envolvendo numa densa vida social cheia de viagens, reuniões, jantares, recepções. Ou então desdobra-se num funcionalismo empresarial, carregado de estatísticas, planificações e avaliações, onde o principal beneficiário não é o povo de Deus mas a Igreja como organização" (EG, n. 95). "Este mundanismo asfixiante cura-se saboreando o ar puro do Espírito Santo, que nos liberta de estarmos centrados em nós mesmos, escondidos numa aparência religiosa vazia de Deus" (EG, n. 97), acrescenta Francisco.

Assim como ocorreu com os apóstolos no Pentecostes, à Igreja e aos cristãos é necessária a abertura à novidade do Espírito para que Ele nos confira a audácia da missão. "Evangelizadores com espírito quer dizer evangelizadores que se abrem sem medo à ação do Espírito Santo" (EG, n. 259). Para Cordovilla Pérez (2014, p. 331, tradução nossa),

> em uma verdadeira acolhida e recepção do Espírito está a chave de toda a evangelização, reforma ou revolução. Os evangelizadores hão de ter o Espírito. Sem ele, sem o Espírito Santo e sem o espírito interior que anima a vida de cada crente, alma verdadeira das instituições e das estruturas, no fundo tudo permaneceria igual e toda proposta seria letra morta.

É por isso que o Espírito Santo é o princípio da ação evangelizadora da Igreja, sua alma. A evangelização não deve estar submetida a outros critérios e a outras motivações que não as do Espírito, amor do Pai e do Filho. O primeiro efeito do Espírito naqueles que se abrem à sua ação é o impulso para a missão[7]. Podemos afirmar que, no contexto de *Evangelii Gaudium*, a vida no Espírito é um elemento pressuposto e indissociável da missão impulsionada pelo Espírito: é na missão que o evangelizador progride na vivência da santidade e é essa vida no Espírito que torna sempre mais eficaz a ação missionária. O ardor, a alegria, a generosidade, a ousadia, o amor – todas essas realidades pertinentes à vida no Espírito – estão relacionadas essencialmente com a evangelização (EG, n. 261), de tal modo que "Jesus quer evangelizadores que anunciem a Boa Nova, não só com palavras mas sobretudo com uma vida transfigurada pela presença de Deus" (EG, n. 259), com *parresia*[8], "em voz alta e em todo o tempo e lugar" (EG, n. 259).

---

7 "Se uma pessoa experimentou verdadeiramente o amor de Deus que o salva, não precisa de muito tempo de preparação para sair a anunciá-lo" (EG, n. 120).

8 Atitude dos apóstolos após o Pentecostes (cf. At 5,41-42). Trata-se do anúncio com alegria e destemor: uma alegria corajosa ou uma coragem alegre.

Se é o Espírito a alma da Igreja evangelizadora, sem Ele não há missão. A analogia de alma presente em *Evangelii Gaudium* diz prioritariamente daquilo que se deve dar na missão eclesial de cada batizado, de cada evangelizador: a ação do Espírito à qual todos são chamados a abrir-se. Crer a Igreja como obra do Espírito é afirmar que todos, na Igreja, são chamados a professar sua fé em comunhão e para a missão.

Ora, se isso é obra do Espírito, a analogia do Espírito como *alma* da Igreja se refere a essa realidade: a dimensão pneumática da Igreja gera a comunhão e impele para a missão a partir do mandato de Cristo. Por conseguinte, todos somos chamados a orientar nossa vida cristã sob essa dimensão.

Se a Igreja existe para evangelizar, e sua *alma*, aquilo que a constitui como princípio vital com base em Cristo-Cabeça, é o Espírito Santo, o mesmo Espírito é, por conseguinte, a *alma* da evangelização, seu princípio. Evangelizar com alma, ou com espírito, é realizar o dinamismo próprio e mais fundamental da Igreja, a saber, o mistério da Igreja missionária, que se manifesta na relação entre o Espírito Santo e os batizados, o Povo de Deus evangelizador, que atualiza nas mais diversas culturas o mistério de Cristo, a Boa Nova do Pai. Temos aí a centralidade do Pentecostes e do Espírito da missão para Francisco: o anúncio e o testemunho de Jesus só são possíveis quando o conhecemos, e para isso faz-se necessário permitirmos que o Espírito Santo nos abra os olhos e os ouvidos. A Igreja evangelizadora, movida pelo Espírito Santo, evangeliza integralmente, ou seja, em todas as suas dimensões, pelo caminho da santidade, que é amor para fora[9]. Nesse sentido, evangelizar com o Espírito Santo é encarnar o amor de Deus manifestado no Cristo morto e ressuscitado para além de nós mesmos, exatamente o que verificamos no que seguiu ao Pentecostes.

---

9 A integralidade da missão rechaça toda e qualquer forma de autorreferencialidade (EG, n. 8).

Em uma de suas homilias nas missas diárias em Santa Marta, afirmou Francisco acerca do trecho dos Atos dos Apóstolos que trata do encontro entre o Apóstolo Felipe e o etíope: "É Ele que faz as coisas. É o Espírito que faz nascer e crescer a Igreja" (Francisco, 2016a), de modo que a Igreja nos propõe a docilidade a Ele, que é justamente a atitude do cristão. "Esta docilidade faz de modo que o Espírito possa agir e ir avante para construir a Igreja" (Francisco, 2016a). Noutra ocasião, reiterou o pontífice:

> "Qual é a atitude que o Senhor exige de nós, para que o reino de Deus cresça e seja pão para todos e habitação, inclusive, para todos?". A resposta é clara: "a docilidade". De facto, acrescentou, "o reino de Deus cresce com a docilidade à força do Espírito Santo". [...]
>
> "O homem e a mulher dóceis ao Espírito Santo crescem e são dons para todos. [...]" (Francisco, 2016b)

O Espírito da missão, para Francisco, é o Espírito que põe a Igreja numa constante atitude de abertura e disponibilidade para ir e anunciar o Evangelho[10]. Assim como a alma dá a vida e confere vitalidade ao corpo, assim também o Espírito não só dá vida à Igreja como a anima e a impulsiona para anunciar Jesus Cristo e o chamado universal à comunhão com Deus.

Fica evidente que tanto para Paulo VI, em *Evangelii Nuntiandi*, como para Francisco, em *Evangelii Gaudium*, o Espírito Santo é o princípio da ação evangelizadora da Igreja, é a alma da mesma Igreja, o principal agente da evangelização. Contudo, há alguns contornos específicos que qualificam os modos pelos quais um pontífice e outro concebem a relação entre o Espírito e a evangelização. Salientamos que tais distinções são acentos que as Exortações conferem a essa relação, o que

---

10 Trata-se da transformação missionária da Igreja, da Igreja em saída.

de modo algum resulta numa contradição ou contraposição teológica. Ambas acenam para os mesmos aspectos da proeminência do Espírito na missão, destacando alguns, entretanto, que servem de base para a pneumatologia que desejam estabelecer dados os contextos, as experiências e as necessidades eclesiais nas quais estão inseridos.

Paulo VI fundamenta o Espírito da evangelização numa pneumatologia cristológica. O Espírito da missão é o Espírito de Cristo, é o Espírito que dá a conhecer a Cristo e, por conseguinte, conforma o evangelizador a Cristo. Não é por acaso que insiste em evidenciar, ao longo de *Evangelii Nuntiandi*, a relação entre Jesus e o Espírito, como vimos anteriormente, realidade que exprime o que ocorre no interior dos cristãos que são templos do Espírito Santo: o Espírito de Cristo – o Espírito que o guiou em sua vida terrena – é o que habita os corações e santifica os homens e mulheres. Sendo Cristo o primeiro e maior evangelizador, os cristãos são evangelizadores em Cristo por meio do Espírito. Nesse contexto, auxilia-nos a reflexão de Bordoni (1995, p. 11, tradução nossa):

> o aceno à importância da perspectiva pneumática da cristologia solicita-se hoje seja a partir do diálogo com as confissões cristãs, seja a partir do diálogo inter-religioso, seja da situação espiritual hodierna da humanidade que abrem à reflexão cristológica novos horizontes de integração. Enquanto que, na verdade, em um passado recente, a cristologia teve de suportar o confronto com o ateísmo e a secularização como principais motivos de desafio para a fé cristã, hoje se pode dizer que a provocação principal provém, paradoxalmente, propriamente daquela nova condição espiritual-religiosa de vida do homem que, nos limiares do terceiro milênio, define-se como situação pneumática, caracterizada por uma atitude de sede e de busca de experiência do divino. A "questão cristológica" se pode definir, assim, como "questão pneumática".

O apelo contemporâneo à dimensão da espiritualidade – que parece se constituir na contramão do ateísmo e da secularização absoluta – propõe novos caminhos à cristologia, uma vez que a realidade atual parece reclamar uma forma atualizada de compreensão e experiência do evento Cristo. E é justamente aí que se insere a pneumatologia em sua relação com a cristologia. Paulo VI encontra-se nesse contexto. É por isso que, no início de *Evangelii Nuntiandi*, reforça o objetivo de sua Exortação: "o empenho em anunciar o Evangelho aos homens do nosso tempo, animados pela esperança mas ao mesmo tempo torturados muitas vezes pelo medo e pela angústia, é sem dúvida alguma um serviço prestado à comunidade dos cristãos, bem como a toda a humanidade" (EN, n. 1). Para ele, os nossos tempos são de "incerteza e desorientação" (EN, n. 1), e o que parece lhe importar é a maneira pela qual homens e mulheres de hoje podem conhecer a Cristo de modo autêntico e experiencial, a fim de que essa experiência seja para eles o horizonte de sentido para a vida.

Importa, portanto, tratar do Espírito como aquele que conforma o ser humano a Cristo, ou seja, da vida no Espírito[11]. Isso encontra eco nas palavras de *Evangelii Nuntiandi*: o Espírito Santo, "é ele, efetivamente, que impele para anunciar o Evangelho [...]. Mas pode-se dizer igualmente que ele é o termo da evangelização [...] ele suscita a nova criação, a humanidade nova [...]" (EN, n. 75).

Seguindo a reflexão de Congar (1991, p. 66), o Espírito está completamente relacionado a Cristo. O Espírito faz conhecer, reconhecer e viver Cristo. Não se trata apenas de um princípio doutrinal, mas de uma realidade existencial que provém do dom do Espírito e que compromete toda a vida. Paulo VI ensina que o Espírito é o principal agente da evangelização porque impele a evangelizar, mas o é principalmente

---

11 Daí que a primazia do Espírito na evangelização, para Paulo VI, aproxima-se da perspectiva paulina, a saber: "o Espírito como princípio interior de vida nova, como constitutivo da salvação [...] o Espírito não serve somente para anunciar a salvação mas é salvação; não somente enriquece a Igreja de variados dons, mas a faz existir" (Cantalamessa, 1998, p. 101).

porque "no mais íntimo das consciências leva a aceitar a Palavra da salvação" (EN, n. 75), agindo em todos antes mesmo da palavra e do testemunho da Igreja e do evangelizador e, no momento posterior, fecundando essa mesma palavra.

As disposições interiores apresentadas por Paulo VI no sétimo capítulo de *Evangelii Nuntiandi* corroboram sua ênfase no Espírito da evangelização como o Espírito da santidade, da qual decorre o testemunho: na missão de evangelizar, todos são chamados a ser "testemunhas autênticas" (EN, n. 76), "artífices da unidade" (EN, n. 77), "servidores da verdade" (EN, n. 78), "animados pelo amor" (EN, n. 79) e fervorosos como os santos (EN, n. 80). Todas essas qualificações apontam para a vida no Espírito como condição para a ação evangelizadora da Igreja.

Francisco, por sua vez, enfatiza o Espírito da evangelização como força e potência, como impulso para a missão. A Igreja "em saída" (EG, n. 20) o é na força do Espírito, pois é o mesmo Espírito que, à luz do Pentecostes, faz "sair da própria comodidade e ter a coragem de alcançar todas as periferias que precisam da luz do Evangelho" (EG, n. 20). É o Espírito Santo que realiza a conversão pastoral e missionária, necessária e urgente, colocando a Igreja em "estado permanente de missão" (EG, n. 25). É o Espírito que, impulsionando a Igreja à missão, dissipa concepções e práticas pastorais autorreferenciais. É o Espírito que nos torna discípulos missionários, pois a vida em Cristo não se encontra à parte da atividade missionária. Francisco não utiliza a expressão *agente principal da evangelização*, tal como Paulo VI, mas é certo que em *Evangelii Gaudium* essa expressão, ainda que implícita, adquire um sentido original, pois, de fato, o Espírito é o que age, o agente que lança a Igreja na missão. A expressão que articula o sentido global de *Evangelii Gaudium* é a *saída* missionária da Igreja.

Para o hoje eclesial, Francisco entende ser essa a atitude fundamental. Ora, se o mesmo pontífice afirma que o espírito da nova evangelização é o espírito que realiza a saída para a missão – o Espírito Santo –, a pneumatologia em *Evangelii Gaudium* como critério teológico para a leitura do documento explicita o Espírito da missão, tal como Lucas apresenta em seu Evangelho e nos Atos dos Apóstolos. De acordo com Lina Boff (1996, p. 21), a concepção de espírito (*pneuma*) no Evangelho de Lucas designa a força de Deus, necessária para a realização de ações específicas[12]. O Espírito Santo é, então, um dom que dá força para uma missão particular, especialmente o anúncio profético da Palavra de Deus. Jesus é ungido pelo Espírito para o cumprimento de sua função messiânica.

O autor dos Atos, o mesmo Lucas, "historia a unção de Jesus com o Espírito na obra que ele inaugurou e na continuidade desta mesma obra, através dos homens e das mulheres chamados e enviados em missão" (Boff, 1996, p. 29). É nessa perspectiva que Francisco concebe o Espírito da evangelização: força de Deus para a missão da Igreja. É fato que em vários números de sua Exortação salienta a vida no Espírito como elemento que antecede a evangelização na ordem da graça, mas seu destaque é certamente para o Espírito que faz a Igreja cumprir sua vocação radicada em sua própria natureza: a missão.

> Se é verdade que o Espírito impele a Igreja para as mesmas coisas para as quais impele Jesus, então a Igreja deve repetir agora, na primeira pessoa, aquelas solenes palavras pronunciadas na sinagoga de Nazaré: O Espírito do Senhor está sobre mim [...]; ele me consagrou com a unção e me enviou para anunciar aos pobres uma alegre mensagem! (Cantalamessa, 2011, p. 38)

Nesse sentido, concluímos que Paulo VI e Francisco concebem o Espírito Santo como protagonista da missão da Igreja por meio de acentos diversos. Papa Montini tem diante de si o horizonte cristológico, pois o Espírito da evangelização é o Espírito de Cristo que santifica

---

[12] Pelo exposto na seção anterior, e a partir das constatações que agora fizemos, consideramos que a pneumatologia em *Evangelii Gaudium* se aproxima da perspectiva lucana. Para o aprofundamento da questão, ver Boff (1996).

para a missão, condição *sine qua non* para a ação evangelizadora da Igreja. Papa Bergoglio, por sua vez, concebe o Espírito da evangelização como força que impulsiona a Igreja a evangelizar, saindo de si mesma para anunciar o Evangelho. As motivações das quais o Espírito é princípio nos evangelizadores – o encontro pessoal com Cristo (EG, n. 264), a missão como paixão pelo povo (EG, n. 268) e a ação do Ressuscitado e do seu Espírito (EG, n. 275) – atestam-nos que, para *Evangelii Gaudium* o Espírito Santo é prioritariamente o Espírito que age em prol da missão. Já a centralidade de Cristo e a perene necessidade de santidade preconizadas por *Evangelii Nuntiandi* no âmbito da evangelização indicam-nos que o Espírito Santo é o protagonista da missão porque age em todos para conformar a Cristo, o Evangelho de Deus.

6.5 A vida segundo o Espírito

O seguidor de Jesus é chamado a uma vida de santidade[13], a qual pode ser definida nos termos de uma vida segundo o Espírito (Rm 8), uma vida conforme Jesus Cristo, pois o Espírito, em nós, não realiza outra obra senão nos conformar a Cristo[14]. De acordo com Miranda (1998, p. 171, grifo do original),

> a totalidade da vida de Cristo representa [...] a expressão perfeita da experiência da atuação do Espírito. Daí podermos e devermos afirmar que toda experiência autêntica desta atuação é constitutivamente **cristológica**. Pois sua vida, enquanto realidade perceptível e histórica, resultante da fidelidade a esta atuação do Espírito, nos

---

13 Cf. Capítulo V da *Lumen Gentium*, sobre a vocação universal à santidade na Igreja: "A santidade da Igreja se manifesta de direito e de fato nos muitos e variados frutos da graça, que o Espírito faz brotar nos fiéis, quando tendem para a perfeição do amor em suas vidas" (LG, n. 39).

14 "Lei do amor derramado sobre o mundo e a história, a unção do Espírito Santo cristifica o homem, transformando-o num instrumento unido a Deus, que se deixa reger de sua divina mão para realizar e operar o maior serviço divino" (Bingemer, 1990, p. 115).

torna acessível a verdadeira concretização histórica desta ação transcendente. Neste sentido Jesus Cristo, vida e palavras, será sempre mediação de nossa experiência do Espírito. Nesta não podemos prescindir da figura histórica de Jesus Cristo. Pois toda a ação do Espírito é de nos levar a confessar Jesus como Senhor (1Cor 12,3) e de nos configurar a Ele (Gl 4,6; Rm 8,15) [...]. Se o Espírito é o hermeneuta da pessoa de Jesus Cristo, Este por sua vez é a expressão histórica definitiva da atuação deste mesmo Espírito e marco último de sua verdade.

Assim, os cristãos são vocacionados à santidade – à vida no Espírito – na medida em que encarnam a vida de Cristo, pois só assim poderão oferecer um pleno e autêntico testemunho do Evangelho. Verificamos, pois, que a vida no Espírito está intimamente ligada à missão do cristão, de modo que essa vida a partir do Espírito Santo precede a missão, não em sentido cronológico, mas teológico: não há autêntica evangelização se o evangelizador (cristão) não experimentar em si aquilo que busca a evangelização: a conversão e a adesão a Jesus Cristo, e isso pela ação do Espírito. Exortando a Igreja, afirma Paulo VI:

> É preciso que o nosso zelo evangelizador brote de uma verdadeira santidade de vida, alimentada pela oração e sobretudo pelo amor à eucaristia, e que, conforme o Concílio nos sugere, a pregação, por sua vez, leve o pregador a crescer em santidade. [...] o mundo reclama evangelizadores que lhe falem de um Deus que eles conheçam e lhes seja familiar como se eles vissem o invisível [...] Sem esta marca de santidade, dificilmente a nossa palavra fará a sua caminhada até atingir o coração do homem dos nossos tempos; ela corre o risco de permanecer vã e infecunda. (EN, n. 76)

A vida no Espírito diz do influxo do Espírito Santo em nosso espírito, ou seja, naquilo que confere sentido à totalidade de nossas atividades. Aquele que vive no Espírito é conduzido por Ele; e em virtude de sua entrega e fidelidade à ação do Espírito em seu interior, torna-se testemunha de Jesus Cristo aos outros porque encontra-se continuamente num processo de conformidade com Jesus.

O Concílio Vaticano II, no Decreto *Ad Gentes*, ao tratar do testemunho cristão, evidencia três aspectos: o exemplo de vida, o anúncio da palavra e a força do Espírito Santo (AG, n. 11). Nesse ensinamento conciliar, visualizamos a articulação entre a vida no Espírito e os seus frutos, realidades sintetizadas no testemunho. De acordo com Bifet (1977, p. 487), o testemunho cristão é a apresentação de uma experiência do Deus-Amor, a qual se denomina *vida teologal*, que não é uma espécie de posse embrionária da fé, da esperança e da caridade, mas uma santidade que manifesta, por si só, a profundidade e a riqueza dessa experiência do Deus-Amor, do mistério de Cristo Salvador. Dado que o amor do Pai e do Filho é o Espírito Santo, a experiência de Deus que nos santifica é a experiência do Espírito.

Uma vez que o Espírito vivifica e renova a Igreja (LG, n. 4), os cristãos – e a humanidade – são chamados a uma mudança interior, a uma transformação de mentalidade expressa em atitudes novas. Tais atitudes não são outras senão as de Cristo – o Novo Adão –, pois é o Evangelho que nos fornece os critérios para a constituição da nova humanidade (Mt 5,1-11). Assim, homens e mulheres novos, transformados interiormente, vivem segundo o Evangelho, segundo o Espírito de Cristo. A vida no Espírito é a vida pautada nas bem-aventuranças do Evangelho, vida que descobriu seu sentido primeiro e último em Deus que no seu Filho amou o mundo. O perene retorno a Cristo é a contínua adesão ao seu projeto e ao seu programa de vida, que só é possível no Espírito Santo, assim como no Cenáculo de Jerusalém, no dia de Pentecostes, os apóstolos compreenderam de fato as palavras de Jesus e experimentaram um sentido novo para suas vidas e para sua missão.

O Espírito Santo, portanto, nos torna parecidos com Jesus, e isso é a vida no Espírito: Jesus é a norma de vida[15]. Porém, como poderemos viver como Ele viveu se não for pela ação do Espírito? O conhecimento intelectual e teológico da Sagrada Escritura e da Tradição não garante uma vida conforme Cristo. Realiza isso em nós o Espírito Santo, porque Ele "vos ensinará tudo e vos recordará tudo o que vos disse" (Jo 14,26), disse o próprio Jesus. A ação do Espírito é, portanto, cristificar, plasmar a norma, que é Cristo, nos cristãos.

Com isso, a vida no Espírito renova a Igreja: "Esta é a ação de rejuvenescimento" (Simone, 2000, p. 105, tradução nossa) que o Espírito Santo realiza para reconduzir tudo a Cristo. Esse é o "verdadeiro e próprio trabalho do Espírito" (Simone, 2000, p. 110, tradução nossa). A vida no Espírito refere-se, então, à santidade e ao testemunho decorrentes das disposições interiores que o Espírito suscita nos cristãos para sua própria renovação e para a renovação da Igreja.

Síntese

- A Igreja foi "manifestada pelo dom do Espírito Santo" (LG, n. 2) em Pentecostes, de modo que o Espírito é seu coinstituinte.
- A categoria *Igreja Povo de Deus*, eminentemente trinitária, exprime a realidade de um povo constituído e congregado no Espírito Santo

---

15 Subjaz a essa afirmação a relação entre a vida no Espírito e a moral cristã. Nesse sentido, valemo-nos da reflexão de Hackmann (1998, p. 99) para a explicitação de tal relação: "A moral cristã é motivada e regida pelo próprio Filho de Deus: 'A Lei do Espírito da vida em Cristo Jesus te libertou da lei do pecado e da morte' (Rm 8,2). Mas o Espírito Santo, fonte de vida cristã, é a norma que regula essa mesma vida. São Paulo exorta: 'Se vivemos pelo Espírito, pelo Espírito pautemos também a nossa conduta' (Gl 5,25). Pois ser cristão é levar uma vida totalmente dominada por Cristo (cf. Cl 1,27). Portanto, ele realiza, personaliza e interioriza a vida em Cristo. [...] A moral cristã, no Espírito, torna o cristão livre [...] 'A Lei do Espírito da vida em Cristo Jesus te libertou da lei do pecado e da morte. [...] Pois, se viverdes segundo a carne, morrereis, mas, se pelo Espírito fizerdes morrer as obras do corpo, vivereis' (Rm 8,2.13). Toda a moral cristã é aberta para uma verdadeira humanização, construindo comunhão, no Espírito. [...] Enfim, a vida em Cristo, sob a ação do Espírito Santo na Igreja, é uma vida filial, que levará à obediência e busca constante, segundo Y. Congar, da conformidade amante e fiel da vontade de Deus, sem negar a inteligência e a dignidade próprias do ser humano".

para a comunhão com Deus e para o testemunho dessa comunhão a todas as pessoas.

- A instituição da Igreja pelo Espírito é a garantia de que a comunidade dos discípulos perpetuará a missão salvífica de Jesus após a sua glorificação.
- Pentecostes instituiu a Igreja no sentido de sua manifestação pública como comunidade evangelizada e evangelizadora na força e no poder do Espírito Santo.
- É desse modo que o Concílio Vaticano II fala do nascimento da Igreja no dia de Pentecostes. Esse acontecimento constitui a manifestação definitiva daquilo que já se tinha realizado no mesmo Cenáculo no Domingo da Páscoa. Cristo Ressuscitado veio e foi "portador" do Espírito Santo para os apóstolos. Deu-lho dizendo: "Recebei o Espírito Santo".
- O "tempo da Igreja" (DeV, n. 25), sua instituição, por assim dizer, teve como marco a vinda do Espírito Santo sobre os apóstolos no Cenáculo de Jerusalém.
- A afirmação de que o Espírito Santo é coinstituinte da Igreja não se refere apenas a um fato histórico específico: o Espírito continua a instituir a Igreja, pois é na sua força e no seu poder que todo o corpo eclesial faz a experiência da unidade, da santidade, da catolicidade e da apostolicidade.
- Há uma tradição teológica que emprega a simbologia da relação existente entre a alma e o corpo humano para exprimir a união íntima entre o Espírito e a Igreja. Essa analogia, muito utilizada pelos Santos Padres, diz do Espírito Santo como alma da Igreja ou como a alma do Corpo de Cristo.
- O Espírito realiza na Igreja, Corpo de Cristo, a função que a alma exerce no corpo. O Espírito está presente na Cabeça, que é Cristo, e nos membros, nos cristãos.

- O Espírito é o princípio da unidade da Igreja. A unidade pressupõe a fraternidade e a diversidade em prol do caminho comum a ser percorrido.
- Noção correlata à de unidade é a de comunhão, porque a Igreja é mistério de comunhão. O Espírito, portanto, é também Aquele que gera a comunhão na Igreja, assim como é o amor do Pai e do Filho.
- O Espírito é o princípio da santidade da Igreja. A santidade de Deus é comunicada à Igreja, e quem o faz é o Espírito Santo. A santidade, nessa perspectiva eclesial, é a pertença a Deus, a certeza de que o Espírito guia, orienta, anima, vivifica e renova a Igreja com base em Jesus Cristo. Ser parecida com Jesus é o qualificativo que melhor expressa a santidade da Igreja, sob a ação do Espírito Santo.
- O Espírito é o princípio da catolicidade da Igreja. A Igreja é católica, ou seja, anuncia e é sinal e instrumento da salvação operada por Cristo a todos os homens e as mulheres. O mandato missionário de Jesus exprime a destinação universal da salvação e da Igreja, pois o Evangelho deve alcançar a todos.
- Em *Evangelii Gaudium*, "Quando uma comunidade acolhe o anúncio da salvação, o Espírito Santo fecunda a sua cultura com a força transformadora do seu Evangelho. [...] Nos diferentes povos, que experimentam o dom de Deus segundo a própria cultura, a Igreja exprime a sua genuína catolicidade e mostra 'a beleza deste rosto pluriforme'. Através das manifestações cristãs de um povo evangelizado, o Espírito Santo embeleza a Igreja, mostrando-lhe novos aspectos da Revelação e presenteando-a com um novo rosto" (EG, n. 116).
- O Espírito é o princípio da apostolicidade da Igreja. A apostolicidade da Igreja faz referência à fé recebida dos apóstolos. É o Espírito quem assegura a fidelidade da Igreja a essa fé, uma vez que isso não apenas a projeta em sua missão como também salvaguarda sua dimensão escatológica e de plenitude, que é central na fé apostólica.

- Francisco, em *Evangelii Gaudium*, adverte: "O princípio da *primazia da graça* deve ser um farol que ilumine constantemente as nossas reflexões sobre a evangelização" (EG, n. 112). A graça é o Espírito Santo, que, atuando nos cristãos, torna-os participantes e continuadores da missão de Jesus.
- Paulo VI, em *Evangelii Nuntiandi*, aponta que a graça que lança à missão é o Espírito Santo, pois "nunca será possível haver evangelização sem a ação do Espírito Santo" (EN, n. 75).
- O protagonismo do Espírito na missão tem sua razão teológica na ação do Espírito em Jesus. O Espírito é o principal evangelizador porque dá a conhecer Jesus Cristo e porque impele os cristãos, dispostos interiormente por sua ação santificante, a anunciarem o Evangelho propondo a experiência com Jesus.
- O Papa Francisco ressalta que o Espírito Santo confere autenticidade, eficácia e fecundidade à ação evangelizadora da Igreja: quanto ao Espírito, "invoquemo-Lo hoje [...] sem o qual toda a ação corre o risco de ficar vã e o anúncio, no fim das contas, carece de alma" (EG, n. 259).
- Francisco enfatiza: "Mas sei que nenhuma motivação será suficiente, se não arde nos corações o fogo do Espírito. Em suma, uma evangelização com espírito é uma evangelização com o Espírito Santo, já que Ele é a alma da Igreja evangelizadora" (EG, n. 261).
- O primeiro efeito do Espírito naqueles que se abrem à sua ação é o impulso para a missão.
- A vida segundo o Espírito é a vida conforme Jesus Cristo, pois o Espírito, em nós, não realiza outra obra senão nos conformar a Cristo.
- A vida no Espírito é um pleno e autêntico testemunho do Evangelho. Não há autêntica evangelização se o evangelizador (cristão) não experimentar em si aquilo que busca a evangelização: a conversão e a adesão a Jesus Cristo, e isso pela ação do Espírito.

- A vida no Espírito diz do influxo do Espírito Santo em nosso espírito, ou seja, naquilo que confere sentido à totalidade de nossas atividades.
- A vida no Espírito é a vida pautada nas bem-aventuranças do Evangelho, vida que descobriu seu sentido primeiro e último em Deus que no seu Filho amou o mundo.
- O Espírito Santo nos torna parecidos com Jesus, e isso é a vida no Espírito: Jesus é a norma de vida.
- A ação do Espírito é, portanto, cristificar, plasmar a norma, que é Cristo, nos cristãos.
- A vida no Espírito renova a Igreja. Essa é a ação de rejuvenescimento que o Espírito Santo realiza para reconduzir tudo a Cristo. Esse é o verdadeiro e próprio trabalho do Espírito.

Indicações culturais

Confira alguns materiais que podem ajudar você no aprofundamento do conteúdo tratado neste capítulo.

Vídeo

CANTALAMESSA, R. **Espírito Santo Paráclito**. 18 abr. 2010. Disponível em: <https://www.youtube.com/watch?v=nC7NS7wCccc>. Acesso em: 7 jun. 2018.

Explanação do Fr. Raniero Cantalamessa, OFMCap., pregador da Casa Pontifícia, sobre a relação entre o Espírito Santo e a Igreja.

Texto

PESSOTTO, D. M. **O Espírito da evangelização na *Evangelii Nuntiandi* e na *Evangelii Gaudium*:** uma leitura pneumatológica e pastoral. 187 f. Dissertação (Mestrado em Teologia) – Pontifícia Universidade Católica do Paraná, Curitiba, 2017.

Dissertação de Mestrado em Teologia do autor da presente obra. O estudo estabelece um paralelo entre as pneumatologias presentes nas Exortações Apostólicas *Evangelii Nuntiandi*, do Papa Paulo VI, e *Evangelii Gaudium*, do Papa Francisco, mediante a noção de evangelização. Ou seja, o trabalho procura responder à seguinte pergunta: Qual a relação existente entre a ação do Espírito Santo na Igreja e a evangelização no contexto contemporâneo?

Atividades de autoavaliação

1. A afirmação de que o Espírito Santo é coinstituinte da Igreja se refere:
    a) ao fato de que o Espírito Santo é o fundador da Igreja.
    b) a uma alegoria bíblica.
    c) ao fato de que o Espírito levou os apóstolos a construírem uma igreja.
    d) à manifestação da Igreja pela efusão do mesmo Espírito em Pentecostes.

2. Há uma analogia empregada por uma tradição teológica para exprimir a relação entre o Espírito Santo e a Igreja. Assinale a alternativa que apresenta corretamente essa analogia:
    a) O Espírito Santo é o *corpo* da Igreja.
    b) A Igreja é o *corpo* do Espírito Santo.
    c) O Espírito Santo é a *alma* da Igreja.
    d) O Espírito Santo é a *coluna* da Igreja.

3. O Espírito Santo é o princípio das Notas da Igreja. Assinale a alternativa que apresenta corretamente quais são essas Notas:
    a) Unidade, santidade, catolicidade e apostolicidade.
    b) Unidade, fraternidade, catolicidade e apostolicidade.
    c) Fraternidade, comunhão, santidade e apostolicidade.
    d) Unidade, santidade, interculturalidade e apostolicidade.

4. No que tange à relação entre o Espírito Santo e a Igreja, analise as afirmações a seguir e marque V para a(s) verdadeira(s) e F para a(s) falsa(s).

( ) O Espírito instituiu a Igreja como comunidade evangelizada e evangelizadora.

( ) Pentecostes foi a manifestação definitiva do que já se tinha realizado no Cenáculo no Domingo da Páscoa.

( ) Não há relação entre o Espírito e a Igreja, mas apenas entre Cristo e a Igreja.

( ) O Espírito instituiu a Igreja em Pentecostes e depois disso não estabelece relação com a Igreja.

Agora, assinale a alternativa que apresenta a sequência correta:
a) F, V, F, F.
b) V, V, F, F.
c) V, F, F, F.
d) F, F, V, F.

5. A expressão *Espírito da evangelização* faz referência a que aspectos da Igreja? Analise os itens a seguir e marque V para o(s) verdadeiro(s) e F para o(s) falso(s).

( ) Ao protagonismo do Espírito Santo na missão da Igreja.

( ) Ao planejamento pastoral das Igrejas Particulares.

( ) Ao nome do Espírito Santo no Evangelho de Lucas.

( ) À graça do Espírito Santo, que, atuando nos cristãos, torna-os participantes e continuadores da missão de Jesus.

Agora, assinale a alternativa que apresenta a sequência correta:
a) V, F, F, V.
b) F, F, F, V.
c) V, F, V, F.
d) V, F, V, V.

6. Sobre o que pressupõe a pneumatologia de Francisco na Exortação Apostólica *Evangelii Gaudium*, analise as afirmações a seguir e marque V para a(s) verdadeira(s) e F para a(s) falsa(s).
   ( ) A principal motivação da evangelização é o fogo do Espírito Santo nos corações.
   ( ) A evangelização supõe um bom planejamento e só às vezes é orientada pela moção do Espírito.
   ( ) O Espírito é a *alma* da Igreja evangelizadora.
   ( ) O primeiro efeito do Espírito naqueles que se abrem à sua ação é o impulso para a missão.

   Agora, assinale a alternativa que apresenta a sequência correta:
   a) V, V, F, V.
   b) F, F, V, V.
   c) V, V, F, F.
   d) V, F, V, V.

7. O que significa a vida no Espírito? Analise as afirmações a seguir e marque V para a(s) verdadeira(s) e F para a(s) falsa(s).
   ( ) Uma vida conforme Jesus Cristo, no Espírito Santo.
   ( ) É uma metáfora para dizer que os cristãos não valorizam o corpo.
   ( ) É um pleno e autêntico testemunho do Evangelho.
   ( ) É uma utopia, um estado ideal inalcançável, quase uma ficção.

   Agora, assinale a alternativa que apresenta a sequência correta:
   a) V, V, V, F.
   b) V, F, V, F.
   c) F, F, V, F.
   d) F, V, V, V.

Atividades de aprendizagem

Questão para reflexão

1. Em toda a história da Igreja, muitos cristãos experimentaram a ação do Espírito Santo em suas vidas. Ele sempre agiu, ainda que muitos cristãos não estivessem conscientes de sua ação. O texto a seguir nos convida a refletir e a rezar essa realidade: Quem é o Espírito Santo para mim? Reflita pessoalmente sobre as palavras do texto, destaque um ponto, aquele que mais impactou você, e procure relacioná-lo com sua experiência pessoal com o Espírito Santo.

Espírito Santo: o Deus desconhecido

"É incrível o que o Espírito Santo faz. Vejam só os Apóstolos; a Igreja tinha sido fundada por Jesus na cruz, mas eles estavam praticamente emudecidos, tímidos, amedrontados, fechados em casa. Desce o Espírito Santo sobre eles e eis que, com grande coragem, saem às ruas e praças, a falar com tal ardor que parecem embriagados. Enfrentam corajosamente todas as perseguições e saem pelo mundo afora. Este é apenas um exemplo, se bem que da máxima importância, daquilo que faz este Espírito divino, para não falar de tudo aquilo que aconteceu depois sob o Seu impulso, durante os vinte séculos de vida da Igreja: milagres de luz, de graças, de transformações, de renovação. Pensemos nos Concílios, pensemos também nos diversos Movimentos espirituais que Ele sempre despertou em momentos oportunos. [...]

Mesmo com as devidas proporções, vocês não acham que aconteceu também alguma coisa deste gênero com a nossa Obra, conosco, quando este Espírito divino nos investiu com o dom de um carisma todo seu? Antes que isso acontecesse, qual o horizonte da nossa vida, senão aquele das pessoas que não enxergam além do próprio bairro, com os pensamentos e os afetos limitados quase que exclusivamente ao círculo da nossa própria família, [...]

Se algo – ou muito – renovou-se ao nosso redor, não terá sido também por obra do Espírito Santo, que sabe renovar a face da terra? Sim! Foi Ele. É sua a missão de dar movimento e impulso às coisas, de tornar eficaz a graça, a vida divina que Jesus nos proporcionou. É a característica própria dEle dar força e coragem. E então, se é assim, se Lhe devemos tanto, é nosso dever dar mais espaço ao Espírito Santo, na nossa vida. [...]

Que seja este o pensamento que iluminará o nosso caminho daqui para frente: honremos o Espírito Santo, amando, respeitando e servindo todos os nossos próximos. [...]

O Espírito Santo está dentro de nós? Ele fala ao nosso coração? Tornemo-nos alunos atentos e assíduos deste grande Mestre. Procuremos prestar atenção às suas manifestações misteriosas e delicadíssimas. Não desperdicemos nenhuma daquelas que podem ser suas inspirações [...]. Lembremo-nos de que as ideias que brotam na mente de uma pessoa que se propôs a amar são, muitas vezes, inspirações do Espírito Santo. E por que Ele nos dá essas inspirações? Em benefício nosso e do mundo através de nós, para que levemos adiante a nossa revolução de amor.

Atenção, portanto: cada ideia, especialmente quando acharmos que ela possa ser uma inspiração, deverá ser sentida como uma responsabilidade a ser acolhida e colocada em prática. Fazendo teremos encontrado uma ótima maneira de amar, de honrar e de agradecer o Espírito Santo."

Fonte: Lubich, 1986, p. 120-125.

Atividades aplicadas: prática

1. Leia atentamente o Capítulo 2 do Livro dos Atos dos Apóstolos e, a partir do texto em questão e das perguntas indicadas a seguir, entreviste as seguintes pessoas: seu pároco (ou outro presbítero que seja próximo de você); um jovem engajado em sua comunidade eclesial; e um estudante de teologia (que não seja de sua turma). Registre os principais pontos de suas respostas e verifique quais as percepções predominantes quanto à compreensão do evento Pentecostes para a vida e missão da Igreja.
   - O que a Igreja do século XXI pode aprender com a Igreja nascente em Pentecostes?
   - Qual a relação existente entre o evento de Pentecostes e o apelo do Papa Francisco para uma Igreja em saída?
   - O Papa João XXIII desejou que o Concílio Vaticano II fosse para a Igreja como que um novo Pentecostes. O que significa essa expressão à luz do texto de Atos dos Apóstolos?

Considerações finais

Concluímos que os estudos da mariologia e da pneumatologia não apenas enriquecem o nosso conhecimento teológico como também, e principalmente, animam, aquecem, motivam e projetam nossa vida de fé, de seguidores de Jesus na Igreja. Nesse sentido, duas considerações nos vêm à mente e ao coração, as quais gostaríamos de partilhar com você:

1. O singular e sublime lugar que Maria ocupa na Igreja e em nossa vida de fé deve-se ao fato de que Ela aponta para Cristo. Desejamos seguir o exemplo de Maria? Desejamos viver a fé como a Virgem Maria assim o fez? Olhemos sempre para Cristo, escutemos a sua Palavra e procuremos viver à sua estatura. À medida que nos aproximamos do tema mariológico e aprofundamos seu conteúdo, descobrimos que Maria, a Mãe de Deus e Mãe da Igreja, sintetiza em si o ideal do seguimento de Jesus, em atitude de fé e serviço pautada no amor.

A Mariologia, em seu rigor teológico, apresenta-nos Maria como a mais excelsa discípula do Mestre. Procuremos nós, ainda que conscientes de nossos limites, ser parecidos com Maria; assim, seremos parecidos com Jesus.

2. Por muito tempo, o Espírito Santo não recebeu dos cristãos a devida atenção e a devida adoração. A partir do último século, presenciamos um significativo movimento de redescoberta da Pessoa e ação do Espírito de Deus. O tema pneumatológico – tal como o Concílio Vaticano II o abordou e a teologia posterior o desenvolveu e continua a desenvolver – tem implicações importantes para a vida cristã e para a missão da Igreja, como vimos na presente obra. Assim, resta-nos uma reflexão pessoal e comunitária: Temos feito uma autêntica experiência do Espírito Santo na Igreja e em nossa própria vida? Mais ainda: Quem é o Espírito Santo para nós? Reconhecemos a sua ação na história? Para onde está a levar a Igreja de nossos dias? Somos dóceis à sua moção? É evidente que não há uma única resposta a essas perguntas, pois o Espírito é o princípio da unidade eclesial na diversidade. Contudo, convidamos você a redescobrir e a reconhecer a ação do Espírito Santo em sua existência, na Igreja e no mundo. Para além, disso, sinta-se convidado a fazer uma experiência com o Espírito por meio da Palavra, dos sacramentos, da oração, do amor fraterno e da missão. Como fazer isso? Suplicando que diariamente se realize na Igreja e em cada cristão um novo Pentecostes.

É evidente que estas reflexões estão vinculadas ao trabalho teológico de exercício da inteligência da fé. Assim, a presente obra teve como finalidade introduzir você no campo da reflexão mariológica e pneumatológica, o que certamente lhe revelará inúmeras questões das quais não tratamos nestas linhas. Fica o convite para empreender seus esforços no sentido de identificar essas questões e, caso seja de seu interesse, aprofundá-las por meio da pesquisa e da produção acadêmicas.

Uma das questões que levantamos ao longo de nossa obra, ora explícita, ora implícita, é a relação entre a mariologia, a pneumatologia e a eclesiologia. Com o Concílio Vaticano II, a discussão sobre a Igreja passou a ocupar o centro da reflexão teológica e pudemos verificar, ainda que panoramicamente, que a Pessoa do Espírito Santo e Maria nos auxiliam numa adequada compreensão da Igreja, de modo que o contrário também é verdadeiro: quando mais adentramos o campo da eclesiologia, mais compreendemos a dinâmica do Espírito e o lugar de Maria no plano da salvação. Queremos, pois, apresentar-lhe esta questão como um possível caminho de pesquisa, ressaltando sua vinculação ao elemento vivencial e existencial da fé cristã, a saber, à espiritualidade como fé feita experiência.

Nessa perspectiva, encerramos esta obra ecoando as palavras de Clodovis Boff (2015, p. 116):

> Ora, qual é o objeto próprio da teologia cristã? É idealmente o "Deus vivo e verdadeiro" (1Ts 1,9). É, mais concretamente, o Deus de Jesus Cristo, o Deus salvador. Portanto, o discurso teológico deve-se medir por esse objeto, tal como ele se apresenta: o Deus revelado como amor. Por conseguinte, a teologia terá que produzir um conhecimento que corresponda àquele objeto. Será, pois, um conhecimento "vivo e verdadeiro". Será, para dizer tudo, um "saber amoroso". Evidentemente, todo o processo cognitivo se passa na mente: dá-se *intra animam*. Assim, por mais que uma teologia seja espiritual, ela será sempre teoria e não espiritualidade, assim como a ideia de doce será sempre ideia e não doce. Entretanto, uma teologia espiritual remete finalmente à espiritualidade real, pois só assim ela realiza sua intencionalidade.

Lista de abreviaturas e siglas

AG	Decreto *Ad Gentes*
CIC	Catecismo da Igreja Católica
CTI	Comissão Teológica Internacional
DAp	Documento de Aparecida
DeV	Carta Encíclica *Dominum et Vivificantem*
DV	Constituição Dogmática *Dei Verbum*
EG	Exortação Apostólica *Evangelii Gaudium*
EN	Exortação Apostólica *Evangelii Nuntiandi*
GS	Constituição Pastoral *Gaudium et Spes*
LG	Constituição Dogmática *Lumen Gentium*
MC	Exortação Apostólica *Marialis Cultus*
RM	Carta Encíclica *Redemptoris Mater*

Referências

AGOSTINHO. **A Trindade**. Tradução de Agustino Belmonte. São Paulo: Paulus, 1995. (Coleção Patrística).

BENTO XVI, Papa. **Angelus**, 8 dez. 2006. Disponível em: <https://w2.vatican.va/content/benedict-xvi/pt/angelus/2006/documents/hf_ben-xvi_ang_2006 1208_immaculate.html>. Acesso em: 7 jun. 2018.

BÍBLIA. Português. **Bíblia de Jerusalém**. São Paulo: Paulus, 2002.

BIFET, J. E. Lo Spirito dell'Evangelizzazione. In: AA. VV. **L'annuncio del Vangelo oggi**. Commento all'Esortazione Apostolica di Paolo VI "Evangelii Nuntiandi". Roma: Urbaniana University Press, 1977. p. 477-497.

BINGEMER, M. C. L. **Em tudo amar e servir**: mística trinitária e práxis cristã em Santo Inácio de Loyola. São Paulo: Loyola, 1990. (Coleção Fé e Realidade, 28).

BOFF, C. **Introdução à mariologia**: iniciação à teologia. 3. ed. Petrópolis: Vozes, 2004.

_____. **Dogmas marianos**: síntese catequético-pastoral. São Paulo: Ave-Maria, 2010.

BOFF, C. Teologia e espiritualidade: por uma teologia que ilumine a mente e inflame o coração. **Pistis & Praxis**, Curitiba, v. 7, n. 1, p. 112-141, jan./abr. 2015. Disponível em: <https://periodicos.pucpr.br/index.php/pistispraxis/article/view/12986/12314>. Acesso em: 29 jun. 2018.

BOFF, L. **Espírito e missão na obra de Lucas – Atos**: para uma teologia do Espírito. São Paulo: Paulinas, 1996.

BORDONI, M. **La cristologia nell'orizzonte dello Spirito**. Brescia: Queriniana, 1995. (Biblioteca di Teologia Contemporanea).

CANTALAMESSA, R. **O Espírito Santo na vida de Jesus**. São Paulo: Loyola, 2011.

_____. **O mistério de Pentecostes**. Aparecida: Santuário, 1998.

_____. **Vem, Espírito Criador**: meditações sobre o Veni creator. São Paulo: Canção Nova, 2014.

CELAM – Conselho Episcopal Latino-Americano. **Documento de Aparecida:** texto conclusivo da V Conferência Geral do Episcopado Latino-Americano e do Caribe. 5. ed. São Paulo: CNBB/Paulus/Paulinas, 2008.

CIC – CATECISMO DA IGREJA CATÓLICA. Petrópolis: Vozes; São Paulo: Loyola, 1999.

CTI – Comissão Teológica Internacional. **O Sensus Fidei na vida da Igreja**. 2014. Disponível em: <http://www.vatican.va/roman_curia/congregations/cfaith/cti_documents/rc_cti_20140610_sensus-fidei_po.html>. Acesso em: 7 jun. 2018.

CONCÍLIO VATICANO II. **Compêndio do Vaticano II**: constituições, decretos e declarações. Petrópolis: Vozes, 1969.

_____. Constituição Dogmática *Dei Verbum*. In: _____. **Mensagens, discursos, documentos**. São Paulo: Paulinas, 2007. p. 345-358.

_____. Constituição Pastoral *Gaudium et Spes*. In: _____. **Mensagens, discursos, documentos**. São Paulo: Paulinas, 2007. p. 470-549.

_____. Constituição Dogmática *Lumen Gentium*. In: _____. **Mensagens, discursos, documentos**. São Paulo: Paulinas, 2007. p. 185-247.

_____. Decreto *Ad Gentes*. In: _____. **Mensagens, discursos, documentos**. São Paulo: Paulinas, 2007. p. 400-439.

_____. **Mensagens, discursos, documentos**. São Paulo: Paulinas, 2007.

CONGAR, Y. **A palavra e o espírito**. São Paulo: Loyola, 1989.

_____. Atualidade da Pneumatologia. In: MARTINS, J. S. (Org.). **Credo in Spiritum Sactum**. Atti del Congresso Internazionale di Pneumatologia. Roma: Libreria Editrice Vaticana, 1982. p. 15-28.

_____. **El Espíritu Santo**. Barcelona: Herder, 1991.

_____. **Ele é o Senhor e dá a vida**. 2. ed. São Paulo: Paulinas, 2010. (Creio no Espírito Santo, v. 2).

_____. **Revelação e experiência do Espírito**. 2. ed. São Paulo: Paulinas, 2005. (Creio no Espírito Santo, v. 1).

CORDOVILLA PÉREZ, A. La alegría del Evangelio y la reforma de la Iglesia. Líneas fundamentales de la Exhortación apostólica "Evangelii Gaudium". **Misiones Extranjeras**, Madrid, n. 260-261, p. 318-332, maio/ago. 2014.

DENZINGER, E. **El Magisterio de la Iglesia. Manual de los símbolos, definiciones y declaraciones de la Iglesia en materia de fe y costumbres**. Tradução de Daniel Ruiz Bueno. Barcelona: Herder, 1963.

FRANCISCO, Papa. **Exortação Apostólica** *Evangelii Gaudium*: sobre o anúncio do Evangelho no mundo atual. São Paulo: Paulinas, 2013.

_____. **Homilia na Quinta-feira da 3ª Semana da Páscoa**, 14 de abril de 2016a. Disponível em: <https://www.revistaecclesia.com/homilia-del-papa-francisco-en-santa-marta-jueves-14-4-2016-docilidad-al-espiritu-impulsa-a-la-iglesia-no-la-ley/>. Acesso em: 7 jun. 2018.

_____. **Homilia na Terça-feira da 30ª Semana do Tempo Comum**, 25 de outubro de 2016b. Disponível em: <https://w2.vatican.va/content/francesco/pt/cotidie/2016/documents/papa-francesco-cotidie_20161025_a-farinha-e-o-fermento.html>. Acesso em: 7 jun. 2018.

HACKMANN, G. L. B. **A amada Igreja de Jesus Cristo**: manual de eclesiologia como comunhão orgânica. 2. ed. Porto Alegre: EdiPUCRS, 2013.

HACKMANN, G. L. B. (Org.). **O Espírito Santo e a teologia hoje**. Porto Alegre: EdiPUCRS, 1998.

HERMANN, I. **Kyrios und Pneuma**: Studien zur Christologie der paulinischen Hauptbriefe. München: Kösel-Verlag, 1961.

HILBERATH, B. J. Pneumatologia. In: SCHNEIDER, T. (Org.). **Manual de dogmática**. Tradução de Ilson Kayser, Luís Marcos Sander e Walter Schlupp. 3. ed. Petrópolis: Vozes, 2008. p. 403-497. v. 1.

IGREJA CATÓLICA. **Liturgia das Horas I**. Tempo do Advento e Tempo do Natal. Petrópolis: Vozes; São Paulo: Ave-Maria, Paulinas, Paulus; 1999.

_____. **Liturgia das Horas II**. Tempo da Quaresma, Tríduo Pascal, Tempo da Páscoa. Petrópolis: Vozes; São Paulo: Ave-Maria, Paulinas, Paulus; 2000.

JOÃO PAULO II, Papa. **Audiência Geral**, 8 maio 1996. Disponível em: <http://w2.vatican.va/content/john-paul-ii/es/audiences/1996/documents/hf_jp-ii_aud_19960508.html>. Acesso em: 7 jun. 2018.

_____. **Carta Encíclica Dominum et Vivificantem**: sobre o Espírito Santo na vida da Igreja e do mundo. Roma, 18 maio 1986. Disponível em: <http://w2.vatican.va/content/john-paul-ii/pt/encyclicals/documents/hf_jp-ii_enc_18051986_dominum-et-vivificantem.html>. Acesso em: 7 jun. 2018.

_____. **Carta Encíclica Redemptoris Mater**: sobre a Bem-Aventurada Virgem Maria na vida da Igreja que está a caminho. Roma, 25 mar. 1987. Disponível em: <http://w2.vatican.va/content/john-paul-ii/pt/encyclicals/documents/hf_jp-ii_enc_25031987_redemptoris-mater.html>. Acesso em: 7 jun. 2018.

_____. **Carta Encíclica Redemptoris Missio**: sobre a validade permanente do mandato missionário. Roma, 7 dez. 1990. Disponível em: <http://w2.vatican.va/content/john-paul-ii/pt/encyclicals/documents/hf_jp-ii_enc_07121990_redemptoris-missio.html>. Acesso em: 7 jun. 2018.

JUNCOS, D.; LIBERTI, L. O. Evangelii Nuntiandi y Evangelii Gaudium: ¿El mismo paradigma missioneiro? Continuidades, novedades y desafios. **Teología**, Buenos Aires, n. 116, p. 49-71, abr. 2015. Disponível em: <http://bibliotecadigital.uca.edu.ar/repositorio/revistas/evangelii-nuntiandi-evangelii-gaudium.pdf>. Acesso em: 29 jun. 2018.

KLOPPENBURG, B. O Espírito Santo no Magistério. In: HACKMANN, G. L. B. (Org.). **O Espírito Santo e a teologia hoje**. Porto Alegre: EdiPUCRS, 1998. p. 19-39.

KÜNG, H. **A Igreja**. Lisboa: Moraes, 1969.

LEÃO XIII, Papa. **Carta Encíclica Divinum Illud Munus: sobre la presencia y virtud admirable del Espíritu Santo**. Roma, 9 mai. 1897. Disponível em: <http://w2.vatican.va/content/leo-xiii/es/encyclicals/documents/hf_l-xiii_enc_09051897_divinum-illud-munus.html>. Acesso em: 7 jun. 2018.

LUBICH, C. **A vida, uma viagem**. Vargem Grande Paulista: Cidade Nova, 1986.

LUTERO, M. **O louvor de Maria (O Magnificat)**. São Leopoldo: Sinodal, 1999.

MAÇANEIRO, M. **Deus Pai e seu amor salvífico em alguns documentos de Paulo VI e João Paulo II**: leitura teológica de textos seletos. 129 f. Tese (Doutorado em Teologia) – Pontifícia Università Gregoriana, Roma, 2001.

MELLO, A. A. **"Ela é minha Mãe!"** Encontros do Papa Francisco com Maria. São Paulo: Loyola, 2014.

MIRANDA, M. de F. A experiência do Espírito Santo: abordagem teológica. **Perspectiva Teológica**, Belo Horizonte, v. 30, n. 81, p. 161-181, maio/ago. 1998. Disponível em: <http://www.faje.edu.br/periodicos/index.php/perspectiva/article/view/674/1099>. Acesso em: 30 jun. 2018.

MÜLLER, A.; SATTLER, D. Mariologia. In: SCHNEIDER, T. (Org.). **Manual de dogmática**. 4. ed. Petrópolis: Vozes, 2009. p. 143-170. v. II.

MURAD, A. **Maria, toda de Deus e tão humana**: compêndio de mariologia. São Paulo: Paulinas; Aparecida: Santuário, 2012.

OROZCO, A. **Mãe de Deus e Mãe nossa**: iniciação à mariologia. São Paulo: Quadrante, 2016.

PAULO VI, Papa. **Credo do Povo de Deus**. 30 jun. 1968. Disponível em: <http://w2.vatican.va/content/paul-vi/pt/motu_proprio/documents/hf_p-vi_motu-proprio_19680630_credo.html>. Acesso em: 7 jun. 2018.

_____. **Exortação Apostólica *Evangelii Nuntiandi***: sobre a evangelização no mundo contemporâneo. 22. ed. São Paulo: Paulinas, 2011.

_____. **Exortação Apostólica *Marialis Cultus***: para a reta ordenação e desenvolvimento do culto à bem-aventurada Virgem Maria. Roma, 2 fev. 1974. Disponível em: <http://w2.vatican.va/content/paul-vi/pt/apost_exhortations/documents/hf_p-vi_exh_19740202_marialis-cultus.html>. Acesso em: 7 jun. 2018.

PESSOTTO, D. M. **O Espírito da evangelização na Evangelii Nuntiandi e na Evangelii Gaudium**: uma leitura pneumatológica e pastoral. 187 f. Dissertação (Mestrado em Teologia) – Pontifícia Universidade Católica do Paraná, Curitiba, 2017. Disponível em: <http://www.biblioteca.pucpr.br/pergamum/biblioteca/img.php?arquivo=/00005e/00005ec2.pdf>. Acesso em: 29 jun. 2018.

PINHEIRO, D. Maria e o Espírito Santo. **Revista Eletrônica Espaço Teológico**, São Paulo, v. 4, n. 6, p. 121-131, jun./dez. 2010. Disponível em: <https://revistas.pucsp.br/index.php/reveleteo/article/viewFile/4366/2953>. Acesso em: 29 jun. 2018.

PIO XII, Papa. **Carta Encíclica Fulgens Corona**. Roma, 8 set. 1953. Disponível em: <https://w2.vatican.va/content/pius-xii/pt/encyclicals/documents/hf_p-xii_enc_08091953_fulgens-corona.html#fn*>. Acesso em: 7 jun. 2018.

_____. **Constituição Apostólica Munificentissimus Deus**: sobre a definição do Dogma da Assunção de Nossa Senhora em corpo e alma ao céu. Roma, 1º nov. 1950. Disponível em: <http://w2.vatican.va/content/pius-xii/pt/apost_constitutions/documents/hf_p-xii_apc_19501101_munificentissimus-deus.html>. Acesso em: 7 jun. 2018.

NÃO ENTRISTEÇAIS o Espírito. Os carismas na vida e na missão da Igreja. Relatório da Sexta Fase do Diálogo Internacional Católico-Pentecostal (2011-2015). Tradução do Pe. Marcial Maçaneiro. **Pontifício Conselho para a Unidade dos Cristãos** – Boletim Informativo, Roma, n. 146, 2016. Disponível em: <http://www.vatican.va/roman_curia/pontifical_councils/chrstuni/information_service/pdf/information_service_147_en.pdf>. Acesso em: 7 jun. 2018.

SAGRADA CONGREGAÇÃO PARA A DOUTRINA DA FÉ. **Declaração acerca de alguns pontos da doutrina teológica do Prof. Hans Küng**. 15 dez. 1979. Disponível em: <http://www.vatican.va/roman_curia/congregations/cfaith/documents/rc_con_cfaith_doc_19791215_christi-ecclesia_po.html>. Acesso em: 7 jun. 2018.

SCHNEIDER, T. (Org.). **Manual de dogmática**. 3. ed. Petrópolis: Vozes, 2008. v. 1 e 2.

SIMONE, G. **Lo Spirito Santo radice del rinnovamento della vita cristiana**: il contributo di Paolo VI alla svolta pneumatologica del Concilio Vaticano II. 144 f. Tese (Doutorado em Teologia) – Pontifícia Università Lateranense, Roma, 2000.

SUENENS, L. J. **O Espírito Santo, nossa Esperança**. 2. ed. São Paulo: Paulinas, 1975.

VELASCO JIMÉNEZ, A. **La Iglesia misterio di comunión en la misión, de la "Evangelii nuntiandi" a la "Tertio millennio adveniente"**. 273 f. Tese (Doutorado em Teologia) – Pontificia Università Gregoriana, Roma, 2000.

Bibliografia comentada

Mariologia

BOFF, C. **Dogmas marianos**: síntese catequético-pastoral. São Paulo: Ave-Maria, 2010.

Obra de caráter introdutório ao estudo dos dogmas marianos. O autor apresenta de modo sumário e didático os mencionados dogmas organizados em três pontos: 1) Bíblia; 2) Magistério; e 3) Senso dos Fiéis. Trata-se de obra significativa para quem deseja conhecer os principais aspectos dogmático-mariológicos para posterior aprofundamento.

JOÃO PAULO II, Papa. **Carta Encíclica *Redemptoris Mater***: sobre a Bem-Aventurada Virgem Maria na vida da Igreja que está a caminho. Roma, 25 mar. 1987. Disponível em: <http://w2.vatican.va/content/john-paul-ii/pt/encyclicals/documents/hf_jp-ii_enc_25031987_redemptoris-mater.html>. Acesso em: 29 jun. 2018.

Documento magisterial que explicita a participação de Maria no plano da salvação baseado em três pontos centrais: 1) Maria e o Mistério de Cristo; 2) Maria e o

Mistério da Igreja; e 3) A mediação de Maria. É um dos mais importantes documentos eclesiais contemporâneos sobre o tema mariológico. Inevitável vinculá-lo à grande devoção mariana de João Paulo II.

MURAD, A. **Maria, toda de Deus e tão humana**: compêndio de mariologia. São Paulo: Paulinas; Aparecida: Santuário, 2012.

Na condição de compêndio, a obra apresenta a visão cristã sobre a Mãe de Jesus na Bíblia, nos dogmas e no culto. O texto é, ao mesmo tempo, acessível e profundo, articulando os dados teológicos da Sagrada Escritura e da Tradição com a reflexão teológica contemporânea. Os temas apresentados são enriquecidos por textos seletos de importantes autores.

OROZCO, A. **Mãe de Deus e Mãe nossa**: iniciação à mariologia. São Paulo: Quadrante, 2016.

Obra que enfatiza os mistérios da vida de Maria expressos nas formulações dogmáticas da Igreja: maternidade divina, Imaculada Conceição, virgindade perpétua e assunção. Ademais, trata da realeza, mediação e do culto à Maria. Há uma menção à figura de São José, esposo de Maria. O autor privilegia os dados teológicos da Tradição e do Magistério.

PAULO VI, Papa. **Exortação Apostólica *Marialis Cultus***: para a reta ordenação e desenvolvimento do culto à bem-aventurada Virgem Maria. Roma, 2 fev. 1974. Disponível em: <http://w2.vatican.va/content/paul-vi/pt/apost_exhortations/documents/hf_p-vi_exh_19740202_marialis-cultus.html>. Acesso em: 7 jun. 2018.

Com base no reposicionamento mariológico proposto pelo Concílio Vaticano II, a questão do culto mariano obteve destaque. Para tanto, Paulo VI publicou a referida Exortação Apostólica a fim de explicitar os fundamentos, sentidos e critérios teológicos e pastorais do culto litúrgico de Maria e da piedade mariana.

Pneumatologia

BOFF, L. **Espírito e missão na obra de Lucas – Atos**: para uma teologia do Espírito. São Paulo: Paulinas, 1996.

Trata-se do resultado acadêmico do estágio pós-doutoral da autora, uma obra sistemática e detalhada sobre a relação entre o Espírito e a missão nos escritos lucanos (Evangelho e Atos dos Apóstolos). A articulação dos conceitos possibilita uma visão ampla e, ao mesmo tempo, específica dos elementos pneumatológicos lucanos, relacionando-os, em determinados momentos argumentativos, com a reflexão teológica contemporânea.

CONGAR, Y. **El Espíritu Santo**. Barcelona: Herder, 1991.
Congar é certamente um dos maiores pneumatólogos contemporâneos. Esse livro é de elevada densidade teológica e está dividido em três partes: 1) Revelação e experiência do Espírito a partir dos dados bíblicos, da Tradição e da história da Igreja; 2) A relação entre o Espírito e a Igreja e vida no Espírito; e 3) O Espírito na dinâmica trinitária e sacramental. É uma autêntica e profunda sistematização da pneumatologia. No Brasil, o livro foi editado e publicado pela Editora Paulinas em três volumes, cada um correspondendo a uma parte da obra original.

JOÃO PAULO II, Papa. **Carta Encíclica *Dominum et Vivificantem***: sobre o Espírito Santo na vida da Igreja e do mundo. Roma, 18 maio 1986. Disponível em: <http://w2.vatican.va/content/john-paul-ii/pt/encyclicals/documents/hf_jp-ii_enc_18051986_dominum-et-vivificantem.html>. Acesso em: 7 jun. 2018.
No contexto do magistério pós-conciliar, é o único documento eclesial dedicado exclusivamente à Pessoa e obra do Espírito Santo. João Paulo II trata de algumas questões pneumatológicas importantes: 1) o Espírito na dinâmica trinitária; 2) o Espírito dado à Igreja; e 3) o pecado e a vida no Espírito. Não é uma obra sistemática de pneumatologia, mas é uma significativa referência para os que desejam estudá-la na atualidade.

Bibliografia geral

CONCÍLIO VATICANO II. **Mensagens, discursos, documentos**. São Paulo: Paulinas, 2007.
Na condição de mais importante evento eclesial da contemporaneidade, o Concílio Vaticano II foi decisivo para o reposicionamento da mariologia e da pneumatologia. Vários de seus documentos apresentam esses temas, seja de maneira explícita, seja implícita. Destaque para as Constituições Dogmáticas *Lumen Gentium* e *Gaudium et Spes* e para o Decreto *Ad Gentes*. Os critérios teológicos e pastorais do Concílio nos servem de referência para o estudo da mariologia e da pneumatologia na atualidade.

SCHNEIDER, T. **Manual de dogmática**. 3. ed. Petrópolis: Vozes, 2008. v. 1 e 2.

Obra em dois volumes, que apresenta de maneira exaustiva os grandes tratados teológicos, entre os quais os de mariologia e de pneumatologia. Trata-se de um material de referência para quem deseja aprofundar os conhecimentos teológicos básicos. Os tratados mariológico e pneumatológico, assim como os demais, são apresentados com base na Escritura, na Tradição e no Magistério, considerando igualmente suas contingências históricas.

Capítulo 1
Atividades de autoavaliação
1. c
2. c
3. d
4. a
5. b
6. c
7. a
8. d
9. c
10. b
11. b

Capítulo 2
Atividades de autoavaliação
1. a
2. c
3. d
4. b
5. c
6. a
7. d

Capítulo 3
Atividades de autoavaliação
1. b
2. c
3. d
4. c
5. a
6. c
7. b
8. a
9. d

Capítulo 4
Atividades de autoavaliação
1. c
2. d
3. a
4. b
5. a
6. c

7. a
8. d
9. b
10. a
11. c
12. c

Capítulo 5
Atividades de autoavaliação
1. b
2. c
3. b
4. a
5. d
6. b
7. a
8. c

Capítulo 6
Atividades de autoavaliação
1. d
2. c
3. a
4. b
5. a
6. d
7. b

Sobre o autor

Diogo Marangon Pessotto é doutorando em Teologia Sistemática pela Pontifícia Universidade Católica do Rio de Janeiro (PUC-Rio), mestre em Teologia Sistemática pela Pontifícia Universidade Católica do Paraná (PUCPR), com dissertação sobre o Espírito da evangelização na *Evangelii Nuntiandi*, de Paulo VI, e na *Evangelii Gaudium*, de Francisco. É especialista em Gestão de Processos Pastorais pela PUCPR e bacharel e licenciado em Filosofia pela Universidade Federal do Paraná (UFPR). Desenvolve sua pesquisa teológica nas áreas da pneumatologia e da eclesiologia, com enfoque na evangelização. Atua profissionalmente no âmbito da educação católica, como coordenador de Pastoral no Colégio Marista Paranaense, em Curitiba.

Impressão:
Julho/2018